ERES AFORTUNADO

Javier Osorio Barajas

ERES AFORTUNADO

© Javier Osorio Barajas, 2024

@osoriobarajasjavier

javierosoriobarajas@gmail.com

© Rubiano Ediciones

@rubianoediciones

Depósito legal: CA2024000236
ISBN: 978-980-18-5116-5
Coordinación editorial
Elisabel Rubiano
Diseño y diagramación
Carmen Maura Peralta
Corrección
María De Castro Zumeta y Elisabel Rubiano

PRÓLOGO

El camino del crecimiento personal es para todos, de hecho, todos transitamos de manera consciente o inconsciente por él a lo largo de nuestra existencia en esta experiencia física; sin embargo, solo algunos llegan a un punto donde empiezan a preguntarse, cuestionarse y reflexionar en relación con ¿Quién soy? ¿Qué me gusta? ¿Cuál es mi propósito? ¿A qué vine a este mundo? ¿Cuál es el sentido de la vida?

Otras tantas interrogantes pueden surgir producto de diversas situaciones, por lo general, son de conflicto, de quiebres emocionales que nos hacen ver que el camino no es lineal, que existen curvas, declives, sabanas y montañas cuyas cimas pueden verse atractivas para emprender su subida, poniendo a prueba nuestros dones, talentos, virtudes, habilidades, competencias, para finalmente demostrarnos a nosotros mismos de qué material estamos hechos para vivir nuestro propio camino.

Justamente esa es la intencionalidad de este libro. En cada uno de los capítulos de *Eres afortunado* se muestra esa voz interior que tenemos, pero que en ocasiones no se escucha, hay que aprender a subirle el volumen para generar la conexión amplia y resistente, hallando el éxito que está dado en nosotros, haciéndonos caer en un estado de consciencia del bienestar y de la capacidad que tenemos, activando el trabajo interno para tener resultados en el externo.De gran exaltación es mencionar que, la lectura te paseará por lo vivido, saboreado y aprendido por su autor Javier Osorio Barajas, quien de manera audaz ha relacionado las reglas de la vida con peldaños que deben transitarse de manera organizada para poder tener resultados que te lleven a la cúspide de tu fortuna, entendiendo como fortuna todo tu ser en bienestar integral, siendo lo visible e invisible parte de lo que se logra en total apreciación y valoración.

Siendo todo esto posible en ese proceso de reflexión asistida a través de la lectura de este libro, se puede lograr incluso encontrar ese eslabón perdido producto de andar distraído en tu propio camino de vida más allá de la simple existencia, entendiéndola como las acciones básicas que se pueden tener como ser humano, donde en la vivencia es posible sentir diversas y amplias emociones que pueden generar matices distintos, en diferentes perspectivas, para finalmente dar lo que tienen que dar: La experiencia personal.

Desde todo lo paseado, queda abierta la invitación a leer cada palabra hasta llegar al final del libro, para dar una integración especial a ese inventario personal tomado en cuenta para poder lograr materializar todo eso que queda rumiando en la mente, pero que si no se acciona de alguna manera se va disipando hasta que las resistencias tengan más fuerza que la ilusión de hacerlo posible. Grandes lecciones reflexivas tendrás para marcar la diferencia en tu camino.

Finalmente, entrego mi total gratitud, ha sido un honor presentarles el tesoro que tiene este libro escondido, esperando por tu elección para incorporarlo como una guía de vida para generar resultados extraordinarios. El éxito está dado para ti, solo tienes que elegirlo y prepararte para estar al nivel de materializarlo.

Dra. Mayler Niebles Charris.
Profesora Asociada FaCE-UC
Coach Motivacional
Terapeuta emocional
Entrenadora de bienestar
@coachmaylerniebles

NOTA DE AUTOR

Hoy comienza una gran aventura que explorará un sinfín de posibilidades y abordará distintos temas desde puntos de vista totalmente diferentes a lo convencional. No intento atiborrarlos de números y estadísticas, tampoco rendirles explicación a partir de encuestas ni muestras científicas; pretendo, y es mi objetivo único, lograr una conexión permanente y transformadora.

Ustedes deben asumirse como seres extraordinarios. El potencial existe en todo individuo que respira. Mi tarea es intentar que reconozcas esas habilidades asombrosas y las desarrolles, en pro del bienestar propio y colectivo. La verdadera fortuna es nuestro ser por eso debemos cultivarla.

Mi método de comunicarme es sencillo e innovador, atiendo a algunas estrategias editoriales y psicológicas para que comprendas el mensaje. Este proyecto es el primero, impulsado y movido por una voluntad férrea para conmover radicalmente al mayor número de personas posible.

En el recorrido de doce capítulos hallaremos realidades comunes que causarán asombro y diversión. No te quedes en la mitad de un capítulo porque te perderás de algo grandioso que espera al final, ni fatigues en medio del texto, ya que el diamante reposa en el centro de muchas presiones.

Dios se ha comunicado desde hace más de dos milenios a través de experiencias e instrumentos, lo hace a través de obstinados que amamos enseñar, compartir, servir y escribir. Mis mejores deseos por siempre, son amarras irrompibles las que a partir de ahora nos sujetan por la perpetuidad.

1

LAS REGLAS SIN REGLA

En este libro cuyo título es: *Eres afortunado*, nos adentraremos en los más diversos temas, profundizaremos y compaginaremos teoría con práctica; propuestas científicas comprobadas, con experiencias reales. Eventos que podrán experimentar, en el transcurso del hoy presente es un regalo. Es lo que en verdad cuenta, el número de horas que contienen esta jornada en las que puedes marcar una diferencia o, dejarla como simple dígito en calendario, sin trascendencia en la historia de tu vida.

Esa trascendencia está orientada por algo llamado principios, teorías, métodos, hábitos, etc. Prefiero enunciarlos como reglas, para ser más informal. ¿Por qué no hay reglas, sin regla?, básico; estas son equivalentes a los peldaños de una escalera, si falta uno o varios, ella no cumplirá su razón de ser: llevarte a la cúspide. Es como en una cadena, un eslabón no puede ir separado del siguiente; es la unión de un eslabón con el contiguo eslabón, lo que hace que se considere la extensión de la misma. De acuerdo al número de estos, se cuantificará la distancia que tenga, el uno no puede coexistir sin presencia del anterior ni del posterior.

Desde hace más de un siglo, se han establecido una serie de reglas traducidas en la práctica en afirmaciones cuyo cumplimiento ha dado origen a valores intangibles, que transformados en hábitos empujan al emprendedor en una dirección con un paquete de poderosos elementos, que hacen al éxito más asequible y alcanzable.

Es una descripción objetiva complementada de vivencias, evaluadas por los cerebros más prominentes que han dejado huella sobre la Tierra; a través de eventos como fundación de compañías, aún existentes; de legados literarios y musicales. Grandes revolucionarios que con su genio e inventiva han contribuido a avances, empujando a la civilización de una era a la siguiente, hasta llegar a la actual del internet y de las telecomunicaciones que, a su vez, impulsa los más grandes saltos tecnológicos: hacia la conducción autónoma, la inteligencia artificial, la exploración y colonización del espacio extra planetario.

LIBERTAD

¿Hasta qué punto somos esclavos de nuestros hábitos? ¿Amamos madrugar o nos aqueja la pereza y el postergar? ¿Somos proactivos y tendemos a resolver, o no? ¿Nos cuestionan por cualquier adicción o estamos libre de ellas?.

Se arriesgado, pero usa la prudencia y prevención a menudo para hacer de tu camino más seguro, moviéndote con enfoque y ambición. Ellos son el motor disponible para suministrar poderosa energía constantemente. ¿Tienes mentores a tu alcance para cuándo los necesites, sin interés ni mezquindad al acudir a su apoyo? ¿Te renuevas constantemente, porque entiendes que este es el agua y luz que necesitas para tu desarrollo cual planta que crecerá y dará frutos? ¿Te atan creencias, traumas infantiles, que retienen tu motivación? ¿Imitas al águila, cuya visión física está por encima y, su alcance alimenta una imaginación sedienta e insaciable?

Lee incansablemente, igual no te jactes de títulos que puedan lastrar e impidan avanzar. ¿Conoces con claridad las necesidades humanas? ¿Estás dispuesto a formar parte de los cazadores de oportunidades y aprovechadores de nichos? ¿Entiendes, que el solo hecho de encontrarse en una situación incómoda, tener una molestia con un producto o servicio, ya puede ser el inicio de un emprendimiento? Reconocer una de estas falencias no resuelve; "pero tú podrás hacerlo", ¡a esto llamo libertad!

La libertad es la ausencia de ataduras generacionales y contemporáneas, el pensamiento aventajado puesto en el presente. Que tu mayor producto de consumo sea el conocimiento y la constante que te rige, la inconformidad. ..De igual manera, la perfección y excelencia son el puerto seguro, en el camino a la concreción de tus sueños.

INTEGRIDAD

Esta cualidad, va de la mano con el magnetismo que generas. Tienes el poder de seducir a seguidores anhelantes de dirección, como líder, encaminar con actitud unificadora, ¡porque transmites confianza con tu presencia!; dejas de manifiesto el potencial dispuesto a timonear cualquier proyecto. Sin titubear, ¡tú carácter es sólido como una roca!; está constituido del material más fuerte para afrontar las dificultades, pero flexible como el titanio, así evolucionar a través de los cambios. No atraes, más bien arrastras con el ejemplo; son actitudes adictivas el carisma y la calidez como te diriges a los demás.

Demostrar empatía es sinónimo de cercanía, bien dirigida para llegar a resultados o soluciones, que aumentan el orgullo en la raíz natural de cada persona, quedando atados, como seguidores con causa e incondicionales ante objetivos, realmente loables.

No sucumbas ante el cansancio ni la distracción. Eres motivador e incentivas al trabajo extra, basado en logros. El conocimiento y la experiencia son potenciales, al final, en la llegada darán fe de tu evolución; serán cimientos donde se propondrán otras metas más elevadas, apoyadas en la innovación, porque los métodos de ayer pueden perder vigencia.

La propuesta que la mente plantea hoy es posible que peligre mañana, frente a otras creaciones, esto detonado por la inquietud e insatisfacción por lo socialmente aceptado; muy seguramente los cuestionamientos originarán todas las ideas, que alimentarán próximos proyectos; ello se logra a través de una peculiar forma de ver realidades oportunas, no percibidas por otros mortales, esto es un plus que atraerá a personas y recursos.

¡Tengo que contar! Lo experimenté cuando lideraba en los mejores momentos de mi economía, siete locales minoristas. De pronto fui a negociar un apartamento, cuyo ingeniero constructor luego de cerrar el trato, aceptar mi oferta de pago fraccionado y confirmar el cumplimiento de mis obligaciones; se reunió conmigo para ofrecerme capital y pedirme participación, en algunas de mis propuestas comerciales. Este líder de empresa, primero en el municipio; había desarrollado ya más de cinco proyectos inmobiliarios como edificios de apartamentos, conjuntos de casa de dos plantas y centros comerciales. ¡Me resultaba muy halagadora su propuesta!

Resumo afirmando, ¡no solo el dinero llama dinero! En su mayor medida es la integridad y entereza de la persona, que atrae toda la atención; quien quiere rentabilidad y seguridad en su inversión, se esforzará por ser el socio; el talentoso, por convertirse en su asesor o compañero de equipo; como resultado, te rodearás de muy buenas personas, sobresaliente cada uno en su área. Es bien sabido que, si buscas al mejor, toma tiempo para encontrarlo porque es quien está más ocupado; lo está por algo.

VALOR

¿Cuál es la postura que se debe asumir frente a la adversidad? ¿Eres prolijo al identificar el error como catalizador en el proceso del logro? Reúne la experiencia de otros, no las acumules en base a tus sufrimientos, complementa con instructores, cuyo currículum dan preponderancia a la resolución de conflictos, en mejoramiento y dinamización de tareas experimentales, hasta la estandarización de las mismas.

Un error, no es más que el descuido a detalles o falencias al crear, no congenies con ellos con frecuencia sino como excepcionales. Centra tu atención en los detalles al visualizar lo nuevo y predecible, te ahorrarás sufrir contratiempos innecesarios y anima a mantener suficientes reservas de energía. Si hay fallas en una labor, en la que otros han errado con anterioridad, entonces se es negligente por no accionar con toda la información necesaria. La desviación conduce a pérdidas, si existe, que sea porque se prueba algo nuevo, sin registro de ensayos previos en esta materia.

Este proceder requiere valentía y coraje, pero también valor, el cual te despunta como un líder, infatigable y admirable digno de emular. Esa facultad innata o desarrollada está en el nivel de la creatividad, no de la fuerza física, ya que esta se mide y cuantifica en el desarrollo deportivo. Mi enfoque va en función exclusiva del ámbito adaptativo mental.

PLANES

Ya convencido de tu capacidad para implementar, organizar, supervisar y dirigir tanto recursos económicos como humanos; vamos al plano físico, en este momento las compuertas se abren por siempre; haz un plan, un anteproyecto o preparación minuciosa de posibles errores y derívalos de un estudio. Yo le asigno en el tiempo seis meses o mil horas de duración, para pasar al siguiente nivel. Trascurrida la remoción histórica de emprendimientos semejantes que fallaron, si los hay, sumado a todas las estadísticas disponibles, donde se asientan los porqués; entonces se van develando, hasta que pueda identificar a un competidor actual.

Determina en el plan la dosis de innovación e inversión en recursos y tiempo necesarios. El éxito es la obtención de buenos resultados en el presente; deben ser meritorios y admirables. Es la permanencia en el tiempo de esos logros que permitirá materializar los planes, hechos acción continua en dirección a los objetivos.

PODER

¿Está mi idoneidad ajustada al desafío? ¿Mi nivel de proactividad está ligado a la obstinación, por lo lógicamente alcanzable? ¿Es mi determinación lo suficientemente infatigable que perciba los sinsabores cómo realidades temporales a superar?

Regularmente pienso en la no existencia de la palabra ¡problema!, la sustituyo por dificultad por vencer con un acto consciente y el carácter necesario en el área requerida, basada en simplificar y reencauzar hacia la dinámica regular. Seguidamente aventajar, continuando el avance incesante. Es por esto que el poder en la toma de decisiones es fundamental, sin control sobre el entorno se hace imposible garantizar los resultados, bien sea conservando la presidencia de tu empresa o apoyando al más apto para que lidere.

Con la capacidad y madurez emocional al sobreponerse con inmediatez, de esta manera se permitirá afrontar las dificultades hasta superarlas; esos atributos son los que hacen público la disposición irrenunciable a asumir riesgos. No temas a la adversidad ni albergues pizca de intimidación, porque ya es reconocida tu asertividad dirigiendo, siempre dando la preponderancia en el desarrollo humano y adaptación del mismo, para finiquitar con acierto todas las modificaciones necesarias.

Este poder, se sustenta en la empatía para con los individuos, en cualquier nivel jerárquico y de competencias. La consecución de resultados amerita la suma de esfuerzos de personas libres, mentalmente sanas, emocionalmente ambiciosas y motivadas.

VENDER

Es la habilidad que permite determinar si tu área de crecimiento personal, se hará a través del emprendimiento individual y colectivo; o te relegará a proporcionar y promocionar sus capacidades profesionales y técnicas a usuarios directos o empresas. Vender es la dinámica de conexión humana sin parangón alguno, lo más cercano que yo podría asemejar sería con un galanteo o enamoramiento. Se aborda un posible cliente o usuario y creas desde la palabra inicial, con el primer gesto, en la primera presentación física; la imprenta que determinará una relación duradera y entusiasta. Buscas un apego afectivo con ese cliente, lo miras a los ojos, le das una sonrisa y empieza la exposición de motivos; ¡porque tu producto o servicio es el que esa persona necesita!

Desde mis inicios fui el mejor, me remito a los hechos, aquí estoy vendiendo. Intercambio una serie de relatos que pretenden una diferenciación clara y real de una propuesta, que con anterioridad no hayas leído; debo darte no una, sino muchas herramientas de distinción. Observando el mercado iré tras el mayor número de lectores posible, para obtener mi permanencia en la feria editorial, ¿cómo?, a través de futuras propuestas, innovadoras y retóricas, ya que tengo planes masivos pero incontables por ahora.

Por esto, vender es un proceso de retroalimentación enriquecedor que puedes encontrar en interrelación humana alguna; es presenciar cuando nuestros esfuerzos se dirigen a atender una emoción o un acto consciente. Seguido al amor por las matemáticas y la lectura, vender es de las experiencias que dan más sentido a mi vida.

Todo emprendimiento se fija en términos de ventas, desde proyectos y servicios a entes gubernamentales, empresas jurídicas o personas comunes y corrientes; cuya ansiedad por atender a la oferta de nuevos productos está latente. Vender es una especie de flirteo, donde el objeto de deseo no es el sexo sino el dinero del otro y, cuando el beneficio es común, esta relación vendedor cliente puede perpetuarse.

DESARROLLO Y PERSISTENCIA

No puedo menospreciar la importancia que el trabajo duro aporta al desarrollo de tu empresa y a ti como individuo, incansable de información, potenciadora de crecimiento intelectual. Hoy no estuviera compartiendo con ustedes si no hubiera buscado y puesto en marcha, mi desarrollo personal y cognitivo; ¿por qué nombro lo personal primero?, toda experiencia de negocios jamás debe colocar lo material o económico antes que lo humano. La principal impresión proviene de la relación que instaures con tu entorno.

Para alcanzar el desarrollo y la persistencia hay palabras que no manejo porque interfieren en las relaciones interpersonales, una de ellas es el término ¡enemigo!, de hecho, si se alberga este sentimiento se desconoce el perdón. Es natural diferir del otro, no estar de acuerdo en algo.

De hecho, puedo con sincera claridad y quizás sonar mal o cuestionable, pero siento compasión del hombre o la mujer que en un momento de ira tomó una decisión incorrecta, para luego como resultado quedar tras las rejas coartando de este modo su desarrollo. Son victimarios finales, pero en su génesis fueron víctimas de padres maltratadores, de situaciones de abuso o abandono, pusilánimes ante adicciones; no contaron con la oportunidad ni tiempo suficiente para corregir y superar.

Como estudioso del comportamiento humano en la sociedad, quisiera afirmar que las tasas de violencia empezando por la intrafamiliar disminuirán, pero es incierto. Observa la televisión, el comportamiento en las redes sociales, la proliferación de programas que muestra lo normal que es comprar un arma. Estoy seguro que el uso de la fuerza en la persona común y corriente es reemplazable perfectamente por la prevención. ¿Qué hace una pistola en casa, cuando hay dificultades económicas, de relación marital, de incomprensión con los hijos adolescentes?, ¡no ayuda a nada! En realidad, es una tentativa permanente a imitar los actos y atrocidades que muestran las películas, donde el padre de familia prefiere quitar la vida a su esposa que ceder a un acuerdo; aunque no le beneficie, con ayuda idónea lo puede sobrellevar. Visita cárceles, lee obituarios, allí aparece la respuesta.

DISCIPLINA Y SEGUIMIENTO

Los hábitos son la fuerza para adoptar en el tiempo, procedimientos y rutinas humanas, con frecuencia prefijadas; es la base donde se asientan los proyectos. Todo avance inicia con un líder bien encajado y estandarizado en procesos disciplinarios, subordinado por completo a decisiones predeterminadas. Si es en función de un logro económico, la sujeción en la dirección que conlleva a ello, no prevé dificultad en el tiempo espacio, porque su mirada está puesta en el futuro.

Si su rutina establece un mínimo de quince horas para la lectura de un libro promedio por semana, eso se hará si lo asume como disciplina, como hábito de vida. La dedicación al trabajo físico o de supervisión, en mi caso es determinado en tres o cuatro horas al día, de manera inmodificable. El postergar es inaceptable, salvo eventos de fuerza mayor.

En mi recién programación, destino no menos de ochenta horas al mes al desarrollo literario a rajatabla. A la activación y periodicidad en la actividad deportiva, habilito tres horas a la semana, en variados ambientes y con diversas rutinas. Dormir no menos de siete horas diarias en promedio. Hay días que duermo cuatro, pero en otros lo compenso con ocho y algunas veces tomo alguna siesta breve, luego del almuerzo. Es indispensable desde una alimentación sana, hasta el equilibrio en el esparcimiento, todo amerita disciplina y seguimiento. Un ejemplo claro en ocasiones cuando hay que decir no, se cede por debilidad de carácter, también cuando se tiene que decir sí y se dice no.

ADMINISTRAR BIEN

Recuerden, mi punto focal y de partida en el desarrollo de esta estructura textual, está centrado en el contentivo de situaciones que rodean el desenvolvimiento diario del ser humano, sus valores y principios, para luego apreciarlo como consumidor, prestador de servicios y proveedor de bienes.

Somos transacción de carne y hueso, desde que nacimos llorábamos pidiendo algo a cambio, para exteriorizar una dolencia que no podíamos expresar o la necesidad de alimento. No olvides que antes de hablar, por instinto natural nuestras primeras manifestaciones de vida fueron respirar y llorar. Ello no ha cambiado desde entonces, el llanto lo transferimos a la queja y al desacuerdo; es cuando empezamos a administrar nuestros enojos, antojos y caprichos, ahí aprendimos a contenerlos.

Comprendimos la diferencia entre los seres inferiores y nosotros los humanos. Comenzamos a entender la importancia de gestionar bien todos los aspectos de la existencia, empezar a decidir sobre nuestra vida reproductiva separada del goce sexual. Equilibrar nuestro esfuerzo con los resultados, la capacidad máxima de deuda que podemos cubrir, determinar que tanto somos parte de la solución o del problema para la sociedad; si buscamos otras latitudes para emprender proyectos o emigrar por falta de oportunidades laborales.

Todo se resume a lo que administras y permites ingresar a tu mente. Si das entrada a frivolidades, frivolidades saldrán; pero si encuentras asidero en la autodisciplina, en ser autodidacta y de paso no temer al riesgo, las oportunidades se abrirán frente ti, como la niebla da paso a la claridad. Desde la relación con tu pareja es objeto de buena administración, hasta el consumo justo cumpliendo a fin de mes con la meta de ahorro prevista con antelación. Por ahora, lo más trascendental es administrar tu tiempo y pensamientos con la mayor eficacia y sabiduría posible.

2

ÉXITO EN ORACIÓN

Cuando me dirijo a ustedes, me refiero a personas sin distingo de género, condición social, raza, credo y origen; somos todos humanos con propósitos diversos. Reinicia y cambia el mundo con el ejemplo, no con tu opinión. El creador es mi socio, con él comprometido estoy en perseguir la excelencia, lograr una vida maravillosa y ser desarrollador de ideas que generen abundancia. ¡Contengo todas las herramientas a usar!, traslademos, actualicemos la mente, llevémosla al siguiente nivel tras la conquista de desafíos y obtención de recompensas.

Modifiquemos la energía de otras personas a través de nuestros pensamientos y enfoques; si los encontramos abatidos, abordémoslos sugestivamente con una sonrisa y un ¡Las cosas mejorarán! Resulta básico, sin vernos ni tocarnos; yo lo consigo a través de términos dirigidos y organizados perfectamente, para sumar un caudal de positivismo a tu vida. Es posible y lo hago ahora, los hechos arrastran; soy claro ejemplo de que esta tesis funciona y la inyecto a cada uno de ustedes, ¡mis extraordinarios lectores!

No hay método más perfecto y primario de aprendizaje que la imitación, tomada de modelos ejemplares. Puedes lograr una transformación extraordinaria, que desvela lo que encontrarás en el mañana, si tan solo modificas y reorientas tu brújula hacia decisiones sabias y permanentes.

El morar en la verdad, actuar con buen juicio y respeto por la vida propia y ajena, obrar con honestidad desde todos los puntos de vista; permite conservar el equilibrio del deseo por el sexo, dentro de lo natural y recatado. Estemos atentos para no entrar en estados alterados por sustancias y precursores dañinos para el cerebro; con aquietamiento tu mente se alinea con la conciencia universal y eterna, producto de la aplicación de valores, principios y preceptos encauzados hacia conseguir la grandeza multidimensional; aparte podemos obtener resultados aumentados.

Es sencillo, hagámoslo juntos; voy a crear un enunciado a repetir diariamente por las mañanas. Cada palabra tendrá un poder que al unirse serán como el cable que conduce la electricidad a un aparato. Eres un triunfador en potencia ¡Ahí les va!:

"Soy un ser perfecto, mi excelencia la veré reflejada en resultados que cada día propiciarán la fe y harán justicia de cada una de mis afirmaciones, porque se levanta una nueva persona. Mi genio expresa las ideas más brillantes y alentadoras, de mi cuerpo brota la fuerza que usaré dando honor al trabajo justo y acomedido. La intención que me mueve es comparable con lo sagrado, porque solo busco hacer el bien. Mi espíritu contiene tal energía semejante a una represa, dispuesto a atender a causas nobles. Domino las emociones, porque reconozco en mí la superioridad frente a lo inerte y la tenacidad sobre las demás criaturas. Soy perfección y por sentirme así, declaro este día de éxitos cual aventajado de paz y sorpresas sinfín. En nombre de lo divino, hasta lo imposible y milagroso, podré apreciarlo en frente; es mi día ¡Hoy!"

Ahí tienes una muestra que puedes releer, repercutirá al punto de grabarse en tu subconsciente y ello contri-buirá a multiplicar tus fortalezas. La existencia la podemos canalizar para recibir causalidades, ellas moldearán el nuevo ser mediante la renovación consciente y natural que supera la afirmación, para que en la posterioridad atestigüemos sobre las maravillas que formarán parte de tu historia. Con este proceder seremos agua en sedientos, constancia para perezosos, alivio de enfermos y esperanza a moribundos.

La muerte se da en un día, se asienta en una hora y fecha. La vida da cuerpo a la aventura que estamos construyendo juntos en acción, hacia la meta y objetivo, creyendo en logros que alivien carga a la familia. Seamos modelo para seguidores, que los números y cifras sean equiparables a personas servidas, vidas mejoradas o restauradas.

El boomerang lo lanzas hoy, esa misma carga e intención volverá multiplicada; la naturaleza de su energía es equivalente y relativa. Sin embargo, en caso contrario a todo mal lo vencerá el bien, no repitas lo de las multitudes ¡Eres individuo!, ni te alinees con lo superficial y modal.

Alcanza lo que realmente afirme la valía de tu paso por la realidad terrenal; verás los resultados en las criaturas más cercanas y semejantes a ti, ¡tus niños!, entonces ahí sentirás la realización plena. Cuando mañana no tengas que gastar tu ancianidad visitando tras rejas, a los hombres que no formaste correctamente, a quienes negaste tiempo o sanos ejemplos; ni tampoco seas el mejor cliente de la floristería aledaña al cementerio, cuya concurrencia solo consuela tu sentido culpable, por el descuido y desatención en aquel tiempo, ¡a los chicos, tus admirables hijos!

Logra lo que ansíes, pero debe tener proporción, equivalente con el éxito y felicidad que obtengas dentro de las cuatro principales paredes, donde viven lo más valioso que jamás podrás sustituir, ¡tu pareja y tus hijos!, esa es la máxima a alcanzar. Un corazón roto no se repara con dinero alguno, un amor herido no sana con ilusiones.

Sabremos si fuimos exitosos cuando luego de volver al polvo nuestro cuerpo, no nos citen cual esclavos, recordados por nuestras omisiones durante el paso terrenal. Se muere de forma permanente cuando no se transita aliado del campo espiritual, de manera que, acompañado de este último se puede vivir por siempre.

Vivirás en esos gestos hermosos de tus descendientes, en el arrojo al trabajo y el buen actuar de la siguiente y sucesiva generación. ¿Sabes en qué consiste el buen vivir?, se trata de dar no de quitar; de compartir no de codiciar; de mostrar no de ocultar. Cuando repetiste los errores que los padres cometieron, no teniendo valor para subsanarlos y no dañar a tus hijos, porque te aferraste a modos y costumbres, entonces no te actualizaste con lo nuevo o teñiste de excusa las decisiones que ameritaban cambio y determinación. Es tanto y a la vez tan poco; un día nuevo por vivir y al mismo tiempo uno menos de vida; se nos va lo que teníamos y nos llega lo que deseamos; lo que se te da, se te quita ¡Mi extraordinario!; por eso la importancia de la claridad en el pensamiento prolijo y en los valores duraderos.

¿Quién entiende al mal entendedor?, pues yo. Esta es la imprenta con que pretendo transformarte a la realización, no solo de tus sueños sino de los más grandes. Mira al horizonte, no donde tu sombra inclina; proyéctate en décadas y no a fin de mes. Sé constante, que la perseverancia da resultados; sé paciente, que la recompensa muy bien vale la espera; sé alegre, que tu sonrisa hoy levantará al abatido; sé tú hoy, vestido del traje de dignidad que te dará super poderes, para enfrentar toda adversidad, porque lo inconquistable ya será parte de tus logros.

Tú eres mi complemento y yo soy el tuyo, la misma esencia da abrigo a nuestra sangre, ¡es irrenunciable realidad! El vehículo al que llamamos cuerpo solo se diferencia de matices; vaya, si le damos importancia a lo diferente por encima de lo igual. Concientiza, solo la semilla que está dentro de ti tiene la facultad para reproducir.

Es meritorio aprender en cuerpo ajeno, ahorrando desgaste para sí mismo; el reconocimiento de nuestras debilidades supera a la debilidad misma, ya que acciona hacia la tarea por mejorar. No hay palabras dañinas en mi texto, ni agravios y ofensas; los caminos más empinados llevan a las alturas y las aguas calmas del río conducen al mar. Está disponible el éxito para ti; puedes pararte, defenderte; ve, levanta tu ánimo; demuestra tus habilidades y capacidades. ¿Te ha cubierto la oscuridad?, estas palabras serán luz para aclarar tus ideas, únicamente puedes estar motivado, si motivas; ser seguido, cuando sigues; y enseñar, si estudias.

3

TENACIDAD Y PROGRESO

Mis palabras escritas en prosa siempre unirán; serán puente entre fronteras, no levanto muros ni soy obstáculo; mi dinámica pretende alentar tu propósito. Existimos para ayudar, de otro modo no ayuda el existir. Mis extraordinarios lectores, si la conciencia no nos representa, sino es la personalidad y el ego, entonces hay que redireccionarnos por un nuevo camino, porque nos movemos por atajos. ¿Se nos burlan derechos?, pero revisemos si ¿nos ocupamos de nuestros deberes? Cualquier estructura está soportada por unos cimientos, un ladrillo se asentará sobre otro ladrillo; este es el punto, hay que ir al origen.

Vayamos allá, ¿recibiste maltratos que impiden tu realización? ¿Te afectan rencores, qué son lastre sumergidos?; es el momento de enfrentarlos y superarlos, ¡desátalos de tu presente, déjalos adónde pertenecen!, en el pasado. ¿Te hirieron, abusaron, robaron, te arrebataron a tus padres o hermanos?; usa el recurso que ofrece toda sociedad, busca ayuda a la principal consulta de orientación a la que se debería acudir, llámese psicológica o la terapéutica.

Despréndete del tabú en el cual la asistencia para la actitud comportamental, ¡es tema de locos!; no, es ciencia. Del mismo veneno que inyecta una serpiente, se extrae el antídoto que sana a la víctima, de igual manera funciona. Indaga dentro del Ser, la trayectoria de su vida, especialmente la infancia y adolescencia; porque fue en esa etapa durante la cual te lastimaron, donde yace la respuesta sanadora.

Se pierde mucho, porque el tiempo es equivalente a vida; no busques cicatrizar superficialmente, puesto que resultarás presa de adicciones tales como el alcohol, las drogas y la promiscuidad entre otras. Acepta por comprensión básica, que el reconocimiento y el perdón son las únicas llaves que abren las puertas gigantes, hacia una recuperación duradera.

Sin embargo, este mundo tan agitado nos vende lo actual y trivial, como la mercancía más apetecible e ignoramos que la clave está en mantener una mirada aguda; donde reconocemos al depredador, que busca incesantemente apartarnos del curso correcto, atrayéndonos con engaños disfrazados de modernidad; tentando al consumo desmedido, sin control, amenazando al día que está por venir. El mañana es una promesa y el ayer un recuerdo.

Compartiré con ustedes dos anécdotas, que pretenden iluminar, porque probablemente después de la neblina se puede ocultar un peligro. Un día de los de ayer, en una central de transporte terrestre aguardaba por un vehículo de pasajeros, pero este tardaba mucho en salir; tenía cierta prisa porque quería llegar a destino en tres horas y, para ese momento, esperaba que fuera aún de día. Decidido tomé otro bus cuyo destino era más allá, aunque servía porque me dejaría a escasos minutos de donde me llevaría el primero; como complemento pagué un boleto de mayor valor y de esta manera atendí mi requerimiento.

Luego de media hora de haber salido del terminal íbamos por una autopista empinada, aproximadamente en diez grados, cuando el vehículo empezó a fallar a causa de frenos defectuosos. El conductor se detuvo y descendió, inmediatamente procedió a introducirse debajo para observar y reparar la avería; noté la negligencia de este al no colocar la cuña al menos tras un neumático. Me bajé y corrí a buscar en la maleza adjunta a la vía, encontrando una piedra triangular la cual coloqué tras la rueda delantera derecha. La ajusté lo suficiente para que contuviera aquel autobús cargado; todos los asientos estaban ocupados, aparte que personas también iban de pie. Algunos se bajaron del vehículo, simplemente fungiendo de espectadores ante menudo evento.

Ya tranquilo porque me había ocupado de atender el descuido, seguidamente pude escuchar cuando el chofer desde debajo de la unidad, pidiendo a su ayudante dijo: —¡Carlos, mueve la palanca!, al hacerlo, lo más probable de manera incorrecta; el resultado fue que la roca improvisada hizo su trabajo: rasgó el asfalto hasta doce centímetros en su afán de impedir que el ómnibus con no menos de treinta pasajeros a bordo, se fuera de retroceso hacia una fatalidad. El conductor se rodó rápidamente creyendo que sus piernas serían aplastadas, entretanto que otros individuos corrieron a colocar objetos detrás de las demás ruedas; pero el trabajo ya estaba hecho, la piedra angular lo había detenido. Debemos ser precavidos porque, ¡no podemos esperar que el Todopoderoso baje y atienda nuestras falencias!

A continuación, les comparto como segunda anécdota. Una vez llegaba de viaje, me bajaba de un autobús expreso en el terminal de transporte a primeras horas del día, ¡hacía un frio penetrante! Mientras esperaba el amanecer para continuar mi camino. En la estancia yacía una mujer joven junto a su hijo de no más de once años, acostados en el suelo, cubiertos de andrajos. Abrí mi bolso y tomé una manta, la cual entregué para que le sirviera de abrigo, ¡se sorprendió!, —por favor cúbrete y arrópalo bien, dije; quedó agradecida.

Al lado había kioscos informales, de venta de golosinas. Pasado un momento la señora se levantó y tomó un bocadillo, de un puesto poco custodiado por una vendedora somnolienta, acto que fue observado por su chiquillo. Tenía algunas palabras para ella, de prisa y sin dudar le hice una observación y ordené, dije: —¡devuelve el producto a su dueña legítima!, enseguida acató a mi llamado; a continuación, proseguí a ofrecerle una serie de opciones que le esperaban en el mañana.

Esta, avergonzada y en silencio me escuchó con atención; —hay dos posibles sitios donde visitarás a tu hijo: ¡en prisión o en el campo santo!, dije. —La semilla que está sembrando, el ejemplo que das es erróneo, ¿conocías esa verdad?, añadí. Ella, como abofeteada, con desconcierto, parecía sacudida por un temblor, se puso de pie y acercándose a mí expuso un conjunto de eventos que justificarían su conducta, culpando a sufrimientos en la niñez, traumas y maltratos, a los cuales tendí una emboscada.

—El ayer no existe, solo cuenta si lo usas para bien, de lo contrario contribuirá con tu destrucción, repliqué. Entre muchas otras lógicas, — ¡no esperes que el mismo Jesucristo, en su indumentaria y con barba se presente frente a ti y cuente esta certeza!, dije. Fueron mis últimas palabras el detonador para que la muy humilde mujer con su niño de la mano, promulgara cual arenga y decidiera a viva voz, —¡voy a cambiar mi vida y la de mi hijo, hoy!, dijo; recogió sus cosas y marchó enseguida. No necesité dar una moneda para que ella reanudara y ubicara una salida definitiva, dispuesta a enrumbar su vida hacia un destino esperanzador.

Con tal fin, los exhorto a indagar en el génesis, en ese espacio al que solo tú tienes acceso; en un parpadear encuéntrate ojos abiertos y oídos despiertos, en tu casa, trabajo o comunidad, allí es donde inicia el proceso.

La ambición por mejorar es indispensable; como se modifica la marea, al igual las estaciones, cumplen su ciclo; Mi extraordinario lector tienes capacidad potencial, ella es sin igual y con tu esfuerzo determinas hasta dónde puedes llegar. Deshace las ataduras que sujetan, descubre el genio que llevas dentro; hazte valer expandiendo tu intelecto, ¡porque eres el mejor, renace cual Fénix cada día!, para enfrentar batallas de las cuales saldrás vencedor.

Que gran oportunidad aparece frente a ti; estás dotado y tienes aptitud para realizar lo irrealizable para otros. Tu facultad mental no tiene parangón; ¡estar en el presente y el aquí!, junto a la habilidad y talento, te elevarán por las más altas cumbres del éxito. Eres tan especial y fuera de lo común que compararte sería divagar, resulta inimitable; ve a la meta y al lugar a donde perteneces.

Las aspiraciones deben plasmarse en los anales de logros alcanzados, en el libro de su historia donde figuras como el autor y protagonista. Escribe uno a uno los episodios de tu vida, con letras doradas igualando lo precioso y robustécelos con cada nuevo emprendimiento que cristalices. Crea tus retos, con autenticidad y originalidad digna de emular. Imagina las colinas más encumbradas, anda y construye los escalones que te llevarán allí; los obstáculos solo están en la mente, ten confianza y derríbalos con tu perseverancia y vocación.

Que halagado me siento de tenerte frente a estas páginas, cada vez son más; vamos por los desesperanzados y rescatables. El conocimiento da poder y este debes ponerlo al servicio de los demás. Hoy asciendes con brillantes a un pedestal, igual que el atleta ganador recibiendo la más valiosa presea. Doblegas a la adversidad con firmeza y sometes a la cobardía con valor, resuena tu enojo frente a la injusticia que sordos no oyen y ante la cual callan.

Eres superior, corre tras los sueños más inéditos y materialízalos, la sorpresa y el asombro darán crédito a tu hazaña. Tu encanto y cordialidad convencerá al indeciso; no necesitarás de muchos argumentos porque tu energía arrastrará cual imán, por consiguiente, todos querrán seguirte. Tu ímpetu arrollador, actitud infatigable y humildad sembrará jardines de amigos por doquier, por ser excepcional serás considerado y valorado.

El deseo no encontrará fatiga ante el rechazo, porque cuando es noble y honorable hacerse del objetivo, las mayorías animan a avanzar hacia el logro. Tu capacidad cognitiva se vivífica y adquieres la perseverancia necesaria para mantenerte dentro del plan y continúas porque el ascenso demanda lo mejor, ¡por eso fuiste seleccionado! El gran David siempre estuvo dentro de la roca; la manzana cayó al suelo; lo sembrado es cosechado; lo soñado será realizado; entonces, ¿por qué no superar los obstáculos de hoy?

Genio significa traer a la existencia, en consecuencia, traslada al plano real todo lo anhelado en tu mente; precisa las medidas consecuentes y los días requeridos, para mejorar el porvenir. El desarrollo empieza ahora mismo, porque decides ir hacia la transformación.

No hay precedentes de la obra que saldrá de tu esfuerzo, en su aplicación ni universalidad; la cuestión no es si puedes, sino, ¿para cuándo lo harás? Dispones del calendario que regula la permanencia con vida, en promedio son 27 000 días; saca números, ¿cuántos de estos ya tomaste?, ¿cuántos te pueden quedar? Sé hábil en las matemáticas del vivir. Sabido es que en ésta estancia la tuya y la mía son finitas.

Los medios de difusión promueven que derroches y descuides, cuando debes ahorrar y cuidar; te someten a los excesos y de prisas, mientras lo recomendado es el equilibrio y la prudencia. Adéntrate en lo inexplorado; reta a la habladuría y confunde al arrogante con tu sencillez y singularidad. En tus pensamientos aparece lo no tangible, reconoce tu inteligencia y asegura las ideas que guiarán por el camino donde serás más efectivo.

Usualmente a los genios se les tilda de tontos, porque su visión es fantástica y en principio no puede ser aceptada por las personas comunes, tiempo distante se verán reconocidos todos los logros, valorados sus aportes y premiados sus inventos. Su mente al igual que la tuya es capaz de posarse, en donde los que piensan solo en hoy, ni lo sueñan; la creatividad no es ajena a tu cerebro, ante todo no juzgues lo extraño que aparezca en él. Atraviesa el puente del problema, conviértete en solucionador, concéntrate en aplacar ánimos y resolver; adquiere experticia, aprende a oír a los demás para luego comunicar con términos comparables a los de un sabio.

Al empezar tu jornada usa casco, rodilleras, guantes y coderas; éstas, son invisibles a los demás. Le darán protección, brindando resistencia junto a tu coraje; sé un niño imaginando cuál fantasioso mundo y mantén ese hábito arraigado a tu corazón.

Sé curioso como el mejor de los científicos cuya saciedad no encuentra límite, la pasión te empuja cual locomotora, porque tu combustible lo nutre el deseo en los hallazgos por descubrir. Te revelas ante lo establecido al considerar que hay una mejor manera de hacer las cosas, ello es atributo natural de los extraordinarios; pero no alojarás desconfianza, motivado por tu atino siempre muy acertado. Tu decisión incuestionable mantiene en la dirección que elegiste, esta va determinada a esfuerzos dedicados al progreso; por tanto, eres tan obstinado por alcanzar lo anhelado, que no es de extrañar causes molestias a algunos en tu entrono.

Con educación puedes catapultarte hasta la distancia que la mente determine, eso sí, no escuches calificativos de falta de idoneidad; porque solo en tu interior está la fórmula que la superficialidad no interpreta. Yo me describo como autodidacta empedernido, adicto al trabajo intelectual; soy portador de un espíritu incansable y supero dificultades todo el tiempo. Acudí a amigos que conocían abismos a los que me acercaba, entonces decidí que el código por el cual transitaría mi vida sería ¡aprender del sufrimiento ajeno!; con su dolor basta para ahorrar el mío. Entiendo la dedicación al extremo, sin embargo, he conservado mi hogar fuera de toda probabilidad.

Mi jornada concluye sabiendo que la he aprovechado al máximo y, los siete mil días promedio que tengo por vivir no los doy por recorridos, porque es hoy en el que coincidimos. Mi mente está fijada en el allá, aunque mis pulmones y corazón me mantienen en el ahora.

4

DESAFÍO Y EMPRENDIMIENTO

Estuve un tanto ocupado desde mi juventud temprana. A los 13 años de edad empecé a laborar en nuestro emprendimiento familiar, trabajaba sábados y domingos, de lunes a viernes asistía a clases, al finalizar la secundaria me dediqué en exclusiva al comercio, tanto que no asistí al acto de grado.

Pasaron 3 años sin saber que era un día de descanso, ni Viernes Santo, fecha patria, 25 de diciembre, ni año nuevo; luego a estudiar en la Universidad en jornada nocturna porque de día debía trabajar. Me empezaron a rodear amigas con derechos, momento en que tomé buenas decisiones; tuvimos abundancia, entre inmuebles, vehículos y negocios.

Vivimos en una casa de dos plantas, con piscina a un costado; parte de un conjunto residencial privado clase alta, en la vía de acceso había un portón junto a una garita, en la misma se encontraban cuatro vigilantes armados prestos a saludar y requisar a cualquier residente o visitante. Muchas mujeres me coqueteaban, puesto que el imán que las atraía era el dinero. Sentía gran desencanto y decepción, hasta que un día mirando al cielo pedí, ¡Dios la dama que me convenga, la he de hallar encontrándome en pobreza absoluta!

Abandoné tres carreras porque no me adaptaba al sistema, razón por la cual decidí ser autodidacta, entonces, ¡lo que me interesara, por mi cuenta aprendí! Recuerdo un breve relato cuando una profesora universitaria se definía como intelectual; reflexioné, ella tenía una bodega en casa y vendía comestibles, nosotros en cambio poseíamos seis tiendas con docenas de empleados y gerentes, en aquel momento elegí, "no quiero ser intelectual".

Una profesora me seducía teniendo marido, también alguna estudiante hacía lo mismo, ¡qué rara actitud!, me decía. Algunos compañeros pedían trabajar conmigo, aparte se disputaban mi contribución como líder de grupo en matemáticas; excusas, pero a todo ello renuncié.

Voy a extenderme un poco, ahora hablaré de dinero. Muchas cosas se compran e igual muchas se venden; el primer paso es vender. Es simple, inicia por comunicarte con un interés, argumentos y, la experiencia llegará. Yo fui el mejor vendedor desde los 13 años, en adelante no he dejado de hacerlo. He vendido calzados, vestidos, muebles, vehículos e inmuebles; he escrito más de 300 canciones, de las cuales he registrado dos proyectos, contentivos cada uno de 12 piezas musicales.

Cuando el más reciente estaba publicitándose en varias regiones del país, murió mi hermano mayor. Como consecuencia tuve que aplazar todo, porque yo era quién debía reemplazarlo como líder de nuestro entorno familiar; para mí infortunio postergué mi vida musical indefinidamente.

Hoy, casi 14 años después vuelvo con esta propuesta en el área literaria. Devoré cúmulos de libros, me formé en diversas disciplinas, aquí nos encontramos en estas líneas, ¡bienvenidos!. Mi extraordinario lector, si no posees dinero, bienes u objetos valiosos es porque el germen de la duda, miedo o temor no te lo ha permitido. Tienes el potencial y la capacidad neuronal para lograrlo, es cuestión de elegir entre tus fortalezas; es semejante a empujar ese grano de hielo que está en la cima del nevado, así empieza todo. Ese pequeño sueño al final de la pendiente, se convertirá en una gran realidad, tan solo no detengas la marcha.

La abundancia va determinada en función de lo alojado y contenido en tus ideas. Condúcete por la senda indicada, con el tiempo aparecerán los pensamientos pro-éxitos estampados en tu imaginación. Es muy bonito soñar despierto, pero mejor aún es trabajar para traerlos a la existencia física. Si tu proyecto es grande, majestuoso y en la medida que afecte positivamente al mayor número de personas, más pronto lo verás realizado y retribuido tu esfuerzo. El mayor reconocimiento es la satisfacción por el objetivo alcanzado, posteriormente encumbrar el siguiente reto, sin descansar.

Entendamos lo finita que es la vida, nuestro paso es irrepetible, pero tu historia puede quedar escrita en tinta indeleble. Todo depende del alcance, ¿dónde quieres llegar?, ¿hasta cuánto estás dispuesto a sacrificar? El dinero no es más que un medio de intercambio; en verdad es la oportunidad de ganar, lo que permite fijar nuevos límites.

Con la idea de que la satisfacción sea completa y se mantenga en el tiempo hago consciente mis diferentes roles, dispuesto a atender los deberes y derechos en cada uno de ellos, porque soy padre, hijo, esposo, hermano, vecino, amigo, socio y contribuyente. Hemos nacido en un país, por lo tanto, somos foráneos de los demás; tenemos respuesta a la pregunta del otro, solución al problema en ciernes o principios; planteamos una realidad a la propuesta de ayer. La conducta con que llevemos las relaciones es la que nos hace libres o esclavos; llenos o vacíos; sanos o enfermos; viviendo en el presente o morando en el pasado.

Los dos días más dañinos son el mañana cuando lo mencionas para postergar y el ayer si lo usas como excusa. La verdad más dolorosa es el llamado que no quieres oír: la crítica que niegas aceptar, el cambio que, por ausencia de valor, no procuras. ¿Qué gracia hay en ti?, existe algo llamado la expresión emocional, hay miradas que matan, caras largas, ojos querendones, narices rojas; lo mejor, sonrisas que alientan. Sonreírse es ¡Transmitir vida!, este es el primer vestigio de que algo muy bueno se desprende de ti, hazlo un hábito rutinario y tendrás todos los puntos ganados, en materia de relaciones humanas.

La palabra más bonita es el nombre de tu interlocutor; el deseo sincero, un ¡que te vaya bien!; las cuatro frases más enriquecedoras son: hágame el favor, muchas gracias, a su orden y bienvenido; el sentimiento más puro, el amor por tus hijos; la más alta gratitud, el reconocimiento que merecen tus padres.

La caricia más placentera es el beso a tu pareja, ella es equivalente al agua y la luz para la planta; la oración más eficaz, la que sale desde el corazón; pero por mucho el día más crucial e importante: hoy. Temáticas, libros y enseñanzas, muy corto nos quedamos; doscientas páginas poco ayudarán si no liberas el imaginario y lo hechas a andar. Es un sincero aporte que hago a ustedes. A este día dale buen uso, porque él también termina.

En el título les hablo de "fortuna", la misma es material y también la "fortuna" es inmaterial. Soy ejemplo vivo de estar exento de cargas emocionales innecesarias. Las personas que sienten rencor, casi quedan inmóviles; este puede borrarles el horizonte y a veces lo logra. El rencoroso se queda en el recuerdo dañino, nocivo y por sanar; puede hacerse esclavo si duda en enfrentar el sentimiento e inclusive este traslada temores sobre su futuro.

Hoy soy herramienta para forjar emprendedores, mi propuesta es que te sobrepongas y hagas de tus debilidades fortalezas; ¡el camino es arduo!, pero lo ajustado no siempre oprime; con inteligencia puedes entender la finalidad de nuestro paso por la vida. Si sientes timidez, vence de forma directa; practica frente a un espejo y repite mil veces hasta contar con el valor necesario para hacer frente. Reúnete con mentes brillantes, muestra tu propuesta, dispón tu talento en un proyecto; procura ser el mejor en lo que la tarea exija. Bien reza el dicho ¡Dios aprieta, pero no ahorca!

Con el internet el conocimiento abunda y está disponible a un clic. documéntate. Hoy el internet transformó los métodos para mejor, con solo conectarse tendrás a tu alcance toda la experticia y los saberes necesarios. Vamos en avance, con paciencia.

Cuando tengas recaídas de cualquier índole ve, limpia las rodillas y continúa así serás más sabio y fuerte al siguiente día. Si decides emprender ocúpate de contar con consumidores fieles a tus productos o servicios, luego atraerás a potenciales socios comerciales, quienes brindarán interés al notar la rotación de artículos y la constancia de clientes. Usa palabras correctas, proclives y enfocadas a lograr el éxito, para que tu empresa sea admirada por todos.

Se justo y honesto con tus trabajadores, ¡no los llames empleados!, los tienes como aliados de lucha; ¡diles colaboradores!, más que voluntad traen amor; ¡no grites ni ofendas ni hables mal!, ellos son lo más importante porque amablemente apoyan tu iniciativa. A los mejores hazlos socios (si aplican en aptitud) y a la vuelta de la esquina verás resultados.

Reúne a un grupo de personas, expertas en lo que haces, dispuestos a aportar su capacidad para tu beneficio; remunera justamente sus honorarios, servicios o asistencias, por el valor que aporta sus conocimientos y experiencia.

Busca especialistas ocupados, preferiblemente que sean recomendados. Número uno, el hecho que sean bastante solicitados, significa que es competente en un área. Número dos, por último, ten al menos un segundo asesor en su misma profesión, por si dudas de alguna de las recomendaciones podrás acudir a otra opinión, si la necesitas.

Como elemento primordial y punto piramidal toma en cuenta lo siguiente: su asesor llámese abogado, administrador, economista, contador o experto en mercadeo,

¡jamás!, responderá por consecuencias. En caso de que las cosas no salgan bien en tu empresa, quien recibe los perjuicios de sus recomendaciones eres tú, por consiguiente, ellos aconsejan, ¡tú decides!

En lo mítico, el significado de fortuna está simbolizado en una diosa Romana asociada a lo bueno y a la fertilidad, lo contrario es infortunio. Mis extraordinarios lectores ¡somos afortunados!, se devela nuestra máxima de lo bueno que produce; fácil, sumemos músculo, ¡tenemos fortuna!

Me importas, por ello dedico mi tiempo y energía, porque la semilla que entrego en tus manos germinará en beneficio mutuo; es tan claro como la transparencia de la luz del sol. A esta siembra le espera buen tiempo, abona con la mayor dedicación, entrégate con el entusiasmo genuino de un campeón; porque eso serás, el récord Guinness, el Nobel por galardonar.

Todas mis esperanzas las deposito en ti, con la confianza del que pone sus manos sobre el fuego por un amigo, por el hermano. Tengo fe en que lo logres, porque los vientos soplan a nuestro favor. Los tallos empezarán a brotar en señal de que permaneces en acción y, la cosecha estará a la vista pronto.

Elije un plan, uno robusto, bien orientado, perfectamente asistido por cercanos o extraños, pero pensado y procurado en los detalles. Tu producto debe ser el mejor, asume desafíos, haz pruebas, enseña, escucha opiniones y oferta precios ajustados a la competencia. En conclusión, recibe más aprobación que rechazo, porque recogiste quejas y como respuesta mejoraste el modelo.

Al emprender serás cuidadoso y permanecerás atento, ¡porque eres el gestor de tus sueños!, procederás sin temor y con malicia; en consecuencia, no comprometerás más que una porción de tus recursos para inversión de riesgo. Solo pones en peligro una cantidad, ¡la experiencia no se expende en la farmacia! Si empiezas acompañado de socios es magnífico, aunque si vas de forma individual no te desanimes, siempre habrá quien te acompañe a superar la travesía. Si fracasas, prepara otra fracción en aportes y avanza, de seguro en este segundo intento ya no habrá pérdida.

Adelanta poco a poco, supervisa cada etapa y proceso, particularmente cuando implementes cambios. Revisa los números con sabiduría, prepárate para enfrentar escenarios económicos mientras vas adquiriendo riqueza. Ten a mano este y otros textos, que brinden aportes e impulsen a visualizar tu potencial. Eres privilegiado si tienes un mentor, es fabuloso si cuentas con un guía como complemento; resulta más acertado el concejo de quien obtiene victorias, aparte también sirve escuchar argumentos, porque de seguro él también se ha ido abajo en algún momento.

¡Prepararse para retener!, es un tema serio; porque no cambiarás esposa cuando tengas dinero, ni abandonarás a tus hijos si viene el éxito. Caso contrario, ¡quédate ignorante en el tema financiero!; toma conciencia de esto, adquirir fortuna a costa de perder tu familia, no es el proceder correcto.

Ustedes serán líderes para construir la sociedad perfecta; optimicen y mejoren sus hábitos y mantengan presente el hogar. Rico eres si acaricias y besas la esposa con quien despiertas; si abrazas y bendices a tus hijos al ir a dormir. Ya mañana controlarás tus antojos y caprichos.

En antaño los audios libros no existían, necesario era querer la lectura y en mi caso, aunado a ello, amo las matemáticas. Recuerdo dos relatos que dicen de mi pasión por la lectura. El primero cuando viajaba a Panamá, yo iba fascinado entre las hojas de un libro, tan cautivado por la aventura que inevitablemente carcajeaba, como si estuviera dentro de mi casa, no fue sorpresa, los demás pasajeros me miraban extrañamente. Otra muy recordada ocasión fue en el nacimiento de mi primer hijo, ya en la sala de parto de un centro hospitalario, mi esposa presentaba dolores y contracciones en aumento, mientras yo estaba sentado junto a su cama aprovechando mi tiempo al máximo ojeando un texto de mercadeo posado entre mis manos; fue escalando su disgusto hasta que ella no soportó mi falta de empatía y como respuesta me echó de la habitación; para finalmente hacerme caer en razón y verme obligado a dar pausa a la lectura.

Hoy, he iniciado la continuidad de este manuscrito sacando punta a trece lápices; es semejante al cincel afilado por el escultor, antes de golpear en el mármol y tallar su obra de arte. No espero entretención alguna que me detenga, mi mano derecha comienza escribiendo el contenido, que a través de este texto conocerás. Sin pausar más, enfoquémonos, que estos escritos son igual a la onda de radio, que sirve de enlace entre el transmisor y receptor.

ANÉCDOTAS ATEMPORALES

Hay anécdotas que me acompañan y son atemporales, en ocasiones cuando debo tomar decisiones las recuerdo, porque son marco del libro de la historia de mi vida.

Como el primero, me traslado más de tres décadas al pasado, yo contaba con 17 años de edad, estoy situado en un pueblo donde las personas del común eran campesinos. Venían de sus granjas agrícolas, llegaban el sábado y domingo, allí se hacían en un mercado al aire libre, dónde vendían todo lo que producían. En su mayoría traían frutas, verduras, café y otros productos cultivados en sus tierras. Concluida la faena, ellos se aprovisionaban de los bienes de consumo que necesitaban llevar, para atender los requerimientos de sus familias por períodos de 8 a 15 días. Entre sus necesidades adquirían sal, especias, elementos de aseo personal, calzado y ropa.

Allí teníamos varios comercios de propiedad familiar, dedicados al expendio de prendas de vestir, donde las ventas se cobraban solo en efectivo; yo atendía en uno de esos establecimientos a clientes asiduos. Tal día, la jornada estaba poco concurrida por compradores, el monto producto del ingreso no llegaba a la cantidad que ambicionaba. Pasado el mediodía, le vendía a una clienta, a la cual le cobré varios artículos, ¡a un monto superior!, del que ésta debía de pagar, el acto lo llevé a cabo con toda la intención. Trascurrido no más de dos horas hice una visita regular a la caja registradora, notando que nos habían sustraído de la gaveta, el total de los recursos recaudados hasta ese instante. — ¡No puede ser!, dije.

Reflexioné, ¡el karma!, no tardó en darme la primera lección, era la verdad, lo que yo entendía y asumía que había sucedido. Desde otra óptica, dos presuntos hombres se deslizaron sigilosamente hacia la vitrina y tras un momento de distracción y ocupación de nosotros, en segundos tomaron el dinero y lograron su cometido, para seguidamente huir sin dejar rastro alguno. Practicaron la técnica del señuelo, donde uno o varios individuos entretienen a los vendedores, mientras otro procedió a acertar el robo. Esta moraleja se hizo enseñanza permanente para mi destino y, en adelante, ¡lo que de mi sudor proviene, solo eso me pertenece!

Posterior a esta experiencia, no volví a buscar obtener el dinero de mi prójimo a través del engaño. Lo máximo será seducir o convencer, usaré peroratas o argumentos válidos; voluntariamente nunca más tomaré centavo alguno que reconozca que no he ganado.

Como segunda gran prueba y muy dolorosa; esta fue perpetrada con absoluta ingenuidad, tal como la relataré de inmediato. Era domingo por la tarde y regresábamos en familia, luego de trabajar y cerrar nuestros negocios, nos hallábamos como a una hora de casa; estábamos cansados y con sueño, ¡pero esta parábola jamás olvidaré!

Mi progenitor conduciendo, acompañado de mi madre a su lado, mis dos hermanos y yo ocupábamos el asiento de atrás; no olvido que por esos días cumplí los quince años de edad. A mitad de la ruta, en una colina asfaltada mi padre detuvo la marcha y apreciamos lo que de inmediato ocurriría. Una mamá gallina cruzaba la vía mientras detrás de ella, al menos seis polluelos la seguían. Mi papá se bajó del auto, no sin antes percatarse que ninguna persona lo observaba, él corrió tras el ave más chica y rezagada, la tomó e introdujo en el puesto trasero, cerró las puertas y abordó el coche para retomar el camino. Cuando llegamos a nuestro hogar era cerca de las cinco de la tarde.

No pasaron dos horas para que el teléfono sonara, nos informaron que habían apuñalado al hermano de mi madre y corrimos todos al auxilio. Lo trasladaron al hospital, producto de las heridas, los médicos le practicaron trasfusión, para reponer la sangre perdida; seguidamente comenzaron a solicitar donantes, ya que la que tenían en existencia les era insuficiente; conseguimos más de tres litros, algunos individuos eran voluntarios mientras a otros, su aporte se les remuneró. Ya casi a medianoche los doctores salieron del quirófano y concluida la emergencia, reposaron aliviados, dijeron, —pudimos salvar al hombre, gracias a que lo atendimos prontamente, realmente fue un milagro. Pasaron meses de recuperación, pero me abstendré de dar más detalles para no revelar su identidad. Conozco la denominación para esta jornada. ¡Karma!

¿Qué enseñanzas vendrán a mi vida?, ya doce lápices se quedaron sin punta. Trascurrida una hora me detengo a afilarlos, no sin antes visitar la cocina y servirme un café para continuar con el desarrollo del texto. Pon atención a lo que viene, porque hacia adelante me dirijo.

Recuerdo que en una ocasión levanté un falso testimonio a alguien, aunque ofrecí disculpas de inmediato sabía que una respuesta ¡Karmica!, debía esperar. Pensé por un momento y estimé un máximo de diez días para recibirla; risa me dio pasada una semana cuando reconocí aquella situación.

En un puesto de comida informal, yo pedí una empanada rellena de carne y cancelé el costo al vendedor. Me quedé en el sitio para comerla, quien recibió mi dinero encomendó el lugar a otra persona por un rato, sin dar información sobre mi compra; ¡oh!¡Aquí está el detalle!, pensé. Presto a marcharme boto las sobras en la papelera, mientras aquel hombre detuvo mi salida y dijo, —¡hola, hola, usted no se va sin pagar! ¡Karma!. —Tranquilo, yo espero al gerente, ya he pagado, no tengo problema en aguardar, le dije. Al momento apareció y de inmediato el encargado temporal le comentó: —¡mira este cliente, se marchaba sin cancelar! ; aquel apenado le respondió: —no, no, no, el señor no tiene deuda. Para terminar, él me pidió disculpas; tan solo le repliqué, — tranquilo amigo, el malentendido realmente no me enoja.

APARECE EL BOOMERANG

Lanzar y recoger el boomerang es analogía, lo que se recibe viene en forma y proporción a lo que se entrega. Él aparece para afectarnos, no queda otra que prepararnos para afrontar la próxima realidad, porque las experiencias retributivas no cesan.

Recuerdo que un día filosofaba, había escuchado una noticia de la cual no me sorprendió el desenlace. Un señor muy mencionado en mi país, pertenecía al mundo de la farándula aparte de fama tenía dinero, resulta que su madre con cerca de sesenta años de edad, enferma de cáncer; pero aquel hombre multimillonario, poco pudo hacer para salvarla. Con los años me enteré que creó una fundación para aportar recursos al desarrollo e innovación de la ciencia médica, en el área oncológica. Tuvo que entender, ¡el poder de dar!, pero después de experimentar una perdida muy dolorosa.

Esto no me sucederá, no soy millonario ni acaudalado comparado con alguien que sale en programas de la TV. Un día cualquiera encontré en el contenido de un periódico publicidad acerca de una fundación, la cual se ocupa de prestar apoyo integral a niños enfermos de cáncer. En ese momento me comuniqué e hice de esta una gran oportunidad para ayudar, han pasado cinco años que no falto con mi contribución mensual; no voy a esperar que uno de mis hijos pase por esta enfermedad para luego comprender que "servir y dar es obligatorio", si quieres procurarte equilibrio. Sé generoso, empieza hoy.

Deseo que mi mensaje les llegue, no se cansen, conozco mi lugar y estoy aquí para darte un empuje. Cree en todo lo que te atrevas a soñar, porque ten por seguro que cada impulso de tu cuerpo se moverá en esa dirección y más temprano que tarde lo podrás materializar.

Hace varias décadas cuando fracasé en un negocio acabé en bancarrota y terminé conduciendo un taxi; este no era de mi propiedad, hacía dinero para pagar la tarifa a su dueño. No puedo echar al olvido una fecha muy importante, era el día de las madres; el administrador de la línea de taxis me dijo, —¡hoy!, aprovecha, ve a trabajar y cobra de más, al trasladar a los usuarios. Qué ignorante fui al atender a sus palabras.

Un grupo familiar compuesto por un caballero junto a su esposa e hijos, me pidieron una carrera: —por favor ¿cuánto nos cobra para llevarnos al parque?, me dijo el señor. Apelé a lo sugerido al momento de recibir el vehículo y procedí a pedirle por encima del valor que tenía ese viaje. El solicitante no cedió y amablemente me dio las gracias, pensé, bendito karma, ¡qué traerás!; preciso, se presentó, no tardó en llegar. Al rato un viejo y un muchacho me pidieron una carrera para un lugar cercano, ya había recorrido algunas cuadras cuando de pronto el más joven, sacó un revólver que traía oculto en su cintura y lo apuntó hacia mí, —¡la plata o la vida, muévase!, me dijo. Siempre cargaba dinero extra, aun cuando iniciara turno esto por si era víctima de atraco, el atacante obtuviera lo que pedía y esta no fue la excepción. Actué como de costumbre, dije: —¡tranquilo amigo, tenga todo, lo hecho es suyo!; lo tomaron al instante y marcharon sin dejar huellas.

Ten cuidado con lo que te aconsejan. Quién abusa de su semejante lo irrespeta, yo prefiero hacer amigos a pesar de lo que digan, me dedicaré a servir a más personas, luego el dinero llegará por añadidura. Vamos creciendo, por favor, mi querido lector no te fatigues.

En mis libros siempre hablo de prevención y seguridad, no soy el que enfrenta al ladrón sabiendo que estoy bajo sumisión; el que pone un arma frente a ti, puede estar dispuesto a usarla. No intento ser súper héroe, anti balas ni puñales; en esa época me asaltaron más de una decena de veces.

El episodio que contaré a continuación les parecerá ficción, pero es muy real, por favor póngase cómodo. Yo hacía vida laboral conduciendo taxi en una ciudad de más de un millón de habitantes, un chico pidió un traslado aproximadamente a las once de la noche, tenía dudas de su facha, él lo notó procediendo a alzar su camisa y me enseñó que no traía arma en su cintura; acepté sin problema, se subió y empecé la marcha. Dudarán de lo sucedido. Nos dirigíamos cerca de la casa de mi madre, pero una calle antes sacó una pistola de la parte baja de su espalda, no tardo en someterme. Dije: —tranquilo, lo producido voy a entregarle, ¡allá vive mi mamá!; era una calle ciega, de una vía y para completar se hallaba oscura. De malas estaba el miserable, incrédulo optó por cambiar la ruta, cerca de allí se bajó para después correr.

Al otro día laboraba y por casualidades del destino, el mismo individuo extiende el brazo derecho y hace señas con su mano para solicitarme un servicio, cuando lo vi decidí no frenar. Para ese momento entendí y asumí como conclusión el riesgo que corría. Pasado este evento resolví abandonar de manera inmediata mi carrera de conducir y no seguir siendo más chofer de taxi.

Son experiencias que no las sufren todos. Por ello dedico esta jornada, ya casi a tres horas de haber comenzado; quiero transmitirles parte de la vida de este humilde servidor, basadas en vivencias reales. Lo bueno tómalo, lo no tanto deséchalo, simplifica, ¿por qué aprender a través del dolor propio? Entrego esta analogía de la cual queda mucho por contar, son 100% verdades y causalidades, ello te lo aseguro. Con lápiz entre dedos, no me cansaré de escribir estos relatos, cuya intención es enriquecer con hechos ciertos, simplemente lo hago como sugestión para atraerlos de uno en uno, ¡a todos los necesito! Por ahora, el objetivo es interesarlos con mi ejemplo. ¡Hasta el nuevo hoy!

TÓPICOS DE LA OPORTUNIDAD

Iniciamos en la escuela y seguido todo lo que la educación formal representa, cursar la primaria, luego la secundaria, hasta llegar si tienes posibilidad a inscribirte en una carrera técnica o profesional. Ella es una de las decisiones más importantes a tomar en la vida, la cual vamos a profundizar en seguida. La primera elección, ¿a qué dedicar nuestra energía y potencial?, ¿qué vamos a estudiar? Nos enseñan sobre Historia y Patriotismo, brindan conocimiento de Geografía Nacional y Universal. Buenas escuelas fomentan el Deporte y Técnicas Vocacionales. Están de complemento, destrezas básicas como Electricidad, Construcción, Herrería, Computación, Arte entre otras. Muy convenientemente te dan opciones como Música e Idiomas, las obligatorias, Matemáticas y Literatura, Biología y su par la Química, culminando con la Física.

En los últimos años se perfila el estudiante por el área que intelectualmente más le atrae, con la que siente mayor afinidad; pero, ¿son los padres participes de esa trascendental decisión? ¿En su familia el liderazgo es compartido? ¿Un empleo es la única fuente de ingreso? Con gran regularidad los padres no se involucran en la preferencia de sus hijos.

Voy a contar con gran veracidad, ya todos técnicos y profesionales, tenemos la obligación de no confiar nuestra vejez al Estado, ni a un empleador privado. En tiempos de cambios tecnológicos tan vertiginosos, apostar por un puesto fijo es lo más arriesgado, las empresas y los Estados están siendo empujados, a innovaciones de naturaleza y dinámica sin igual.

Es apremiante dedicar tiempo a diversificar en tres ramas del conocimiento, independientemente del área que elijas y del nivel de especialización que alcances, estas son Administración, Finanzas y Mercadeo. Todo emprendedor, titulado o autodidacta, no puede ignorar la existencia de debilidades en las que es necesario trabajar. Si quieres avanzar hacia altos logros debes ser excelente administrador, para no tocar el suministro regular a la alacena de tu casa, producto de una mala decisión. Como líder, no puedes generar zozobra en la estabilidad de tu esposa e hijos, al dar un paso arriesgado y poco calculado.

Hay personas que piensan que migrando hacia otros países con mejor ingreso per cápita, el futuro económico le sonreirá; es tan falso como la moneda de dos caras, eso nunca ocurre. Quienes esperan que cruzando una frontera o atravesando la aduana que da ingreso a otro país, su mentalidad financiera cambie de manera milagrosa, los decepciono, pero esto jamás sucederá.

Si ignoras sobre multiplicar lo poco, aun menos podrás hacerlo con lo mucho; si no has cultivado el hábito del trabajo arduo, luego ahorrar y más tarde invertir; de tal manera que ¡no hables de mala suerte!, ¡ni culpes al destino! Los objetivos se logran con herramientas perfectas e inteligentemente usadas. Si quieres hallar leña para hacer fuego, lo más lógico es que lleves un hacha con buen filo, además; debes conocer cuándo el tronco está seco, también el árbol del cual procede esa madera y lo identifiques como el más apto para lo que necesitas.

Si no te actualizas, te ausentas en redes sociales y no acudes al conocimiento enriquecedor; estás nadando en contracorriente. No hay mayor incentivo que nutra nuestra intención, que un cerebro preparado, disciplinado para afrontar retos. Si los métodos fueran estáticos, el razonamiento de hoy te serviría para la próxima década. Lo real es cambiante y dinámico, te obliga a renovar ideas, conceptos y paradigmas, todo ello para hacerte poseedor de adaptabilidad, donde solo tú tendrás la mirada tenaz, para reconocer una oportunidad cuando se presente.

Yo compré una residencia hace menos de dos años, la misma estuvo en venta por más de una década, bastó que la identificara y con mi mentalidad entrenada en el ramo inmobiliario, finiquitara en menos de treinta días su adquisición.

Primero, había un aviso cuyo óxido casi llegaba a anular el número telefónico que figuraba allí. Segundo, me cercioré que no existiera intermediario en el proceso. Tercero, tenía muchos años desocupado, abundaban elementos a destacar como pintura descolorida, frisos poco prolijos y al contactar con el dueño me enteré que la venta la constituiría una sucesión. Cuando se dan estos casos es más complejo, porque regularmente hay al menos un heredero que está en desacuerdo y esta no fue la excepción. Luego de consultar el precio, hice una pregunta fundamental: —¿ha resultado alguna persona fallecida, por causa natural o trágica dentro del inmueble?, la respuesta fue negativa. Empezamos bien, pedí el valor mínimo con tono de humildad y parafraseando, ¡mis ahorros no llegan allá!; una semana más tarde, me habían concedido el 8% de descuento, por ser en efectivo.

Conociendo el tiempo que estaba en venta; pedí una semana para diligenciar, la posibilidad de conseguir un préstamo conducente a completar dicho monto. Al finalizar este plazo, mi tramite no obtuvo frutos, dándoles una negativa al respecto; paso siguiente les solicité que se reunieran los miembros de la sucesión y acordaran un precio más bajo, el cual se ajustará a mi presupuesto.

Ya había agotado 15 días en conversaciones, demostrando interés en la propiedad, como resultado no pasaron 2 días de la última llamada, cuando me comunicaron el reciente y mínimo precio. Este llegaba al 5% de descuento adicional, siendo en total un 13% por debajo del valor inicial; entonces me activé y en conclusión decidí, ¡esto es lo que puedo pagar!

Los cité para observar el inmueble por dentro, al día siguiente transferí los fondos a una cuenta en el extranjero. Sin papeleo previo, con copias de los documentos de identificación de los involucrados, quienes aparecían en el contrato original, tan solo firmamos un documento privado redactado por mi abogado. Pasados 8 días nos reunimos en el registro para firmar, fue necesario modificar el documento original porque uno de los integrantes no se presentó, en su defecto envió un poder notariado autorizando la transacción. Bien, con un poder y firmantes, un día antes del día del amor y la amistad, la propiedad estaba completa y legítimamente a mi nombre.

Quedó una bonita amistad con los partícipes de la transacción, son personas amables a quienes les guardo respeto y gratitud. Si mi mente no hubiera estado preparada con información en bienes raíces, jamás podría haberle dado el sentido de oportunidad, ni hubiera tenido posibilidad alguna de hacer la adquisición.

Yo disciplino mi intelecto, para dedicar a diario cierta cantidad de horas a cada área en la que necesito volverme más hábil. No digo con esto que no uso mi teléfono inteligente para ver redes sociales. Sí, pero la sumatoria de ese tiempo por semana no llega a media hora, mientras la ocupación en la incorporación de conocimiento enfocado y dirigido, le destino entre tres a seis horas al día. Sumo unas dos horas por jornada para avistar, desarrollar planes y proyectos, a conseguir en el mediano y largo plazo. Aparte de disponer momentos y espacio de calidad con mi familia, porque tengo la oficina en casa.

Procuro conservar un equilibrio, tengo una sola esposa y mis dos únicos hijos con ella. Coopero, estoy atento de mi madre y hermanos e incluso de mi suegra y cuñados. Soy del pensar, ¡a los muertos no se les lleva flores! es en vida que debemos escucharlos y apoyarlos. Cuando digo ayudarlos, no necesariamente menciono prestarles dinero; no, me refiero a ofrecerles salidas lógicas a los problemas cotidianos.

5

LA EXPERIENCIA MÁS ENRIQUECEDORA

Tenía una fábrica donde confeccionábamos jeans para damas, caballeros y niños; contaba con más de veinte operarios, entre casi dieciocho máquinas industriales. En determinado momento di poder a un conocido para administrar mi negocio, no contraté a un asistente revisor y, por confiarme, me enfrenté a consecuencias inesperadas. En aquel momento se trabajaba en cadena, esto significa que cada costurero hace solo una tarea, mientras el proceso avanza y como resultado al sumar el aporte de todos, al final la prenda salía terminada. A la mitad de la operación una máquina llamada dos agujas se dañó, el encargado en vez de mandarla a reparar adelanta trabajo para que nadie quedara desocupado, sin llegar a terminar una sola unidad del producto.

Quedaron lotes de pantalones cosidos parcialmente y ni uno solo concluido, como resultado quedé sin presupuesto para pagar nómina porque no tenía nada de producción para vender, ya que el recurso obtenido por el pago de las prendas terminadas, se usaba para cancelar a los trabajadores y adquirir insumos para continuar operando de manera ininterrumpida. Me confié y no supervisé a este encargado.

No fue fácil, producto del estrés generado por estar endeudado y acercándome a una quiebra, perdí el control al punto que en determinado momento alcé la voz a uno de mis colaboradores, fui injusto con quien no debía. Todos mis operadores se marcharon, a la mayoría les quedé debiendo dinero.

Entre otras decisiones empeñé mi carro, obtuve un préstamo al 5% de interés mensual, esos fondos los dispuse para concluir los miles de jeans que estaban sin terminar, para lograrlo contraté a dos muchachas y junto a ellas me planté a coser. Pasé hambre por semanas mientras atravesaba por el proceso de recuperación. Recuerdo que un día comí una banana sin quitar la concha, mi única alimentación al día era el almuerzo y dependía de un poquito de comida que cada trabajadora me daba. Me esforcé tanto que improvisé una cama, dormía en el taller y trabajaba hasta la madrugada reparando las máquinas que se averiaban. Pasado un mes los primeros jeans salían ya completos, vendí de contado y a los clientes buena paga les di crédito, vi la luz al final del túnel.

Busqué a mis antiguos operarios y saldé mi deuda, pero hay un acontecimiento que quiero contarles. El chico que trabajó conmigo y por aquellos días ofendí, al ver que le pagaba y ofrecí excusas, una confesión me hizo: —¡yo pensé en matarlo!, dijo. No creía que yo le pagaría y no contuvo su timidez. —Disculpas, mil disculpas, de esta lección aprenderé mucho, le confesé.

Pasados ya noventa días acudí y recobré mi vehículo. Mis padres no lo creían, ellos me decían —¡véndelo!, porque no podrás recuperarlo por el alto interés. Les demostré que de esta coyuntura podía levantarme. Que paradoja. Por ignorancia e inexperiencia, en ese período de tiempo perdí quince kilos de peso y de esta gesta, con dignidad recomencé.

Aquel contratado no tiene la culpa, yo fui el tonto por confiarme. A partir de ahora dudaré de mi sombra, me dije, y ¡me enrumbo a emprender!; luego de un breve descanso hay que continuar. Sé muy bien contentarme con lo que tengo hoy, pero voy a cumplir con mis compromisos y a conquistar mis sueños.

Pasaron seis meses y enfrenté un fracaso enorme, el cual me costó superar. Me robaron una camioneta nueva, de lujo y ella no tenía seguro de hurto. Sucedió al momento de abrir, dos maleantes me sorprendieron e intimidaron con pistolas; antes de huir, me dejaron encerrado en el baño de la fábrica. Quedé con desconfianza porque presuntamente una de mis costureras fungió de informante, lo noté porque hacia preguntas poco discretas, aparte su rendimiento bajó a menos de la mitad de lo habitual.

Después de esta gran decepción decidí enajenar el taller, vendí todos los equipos, baratos, realmente por lo que primero me ofrecían. Empecé como técnico reparando máquinas de coser de forma ambulante, mi bolso y herramienta era mi único capital, caminaba de barrio en barrio, tomaba contratos breves, de este modo iba a obtener el pan.

TRABAJÉ DE CAMARERO

Me fui a la capital donde trabajé de ayudante de mesonero en un restaurante campestre, con mis ingresos esperaba costear estudios musicales. Era el primer sobre de nómina que en mi vida recibía, en esta ocasión sirviendo como empleado; imagínense, yo con mi talante y postura de dueño. Un compañero con respeto me llamó la atención, dijo: —Javier párate recto, siempre con las manos atrás y no adelante; cuando desocupen una mesa, ve allí, recoge los platos, copas y luego límpialas, aparte ocúpate de que en todo momento tengan agua fría; si en el piso hay alguna mugre, recógela con cepillo. No podía creer aquello, yo atendiendo a comensales; mi uniforme lo constituía camisa blanca manga larga, pantalón, corbatín y zapatos negros. No fue difícil adaptarme porque vender y atender al público es una de mis pasiones.

Al llegar pasaba frente a los propietarios y les brindaba un saludo, me presentaba dispuesto y comedido para prestar atención a la faena. Un sábado, la jornada era de mediodía hasta las diez de la noche o más tarde, recuerdo que el restaurante estaba lleno y había mucha actividad. El lugar era exclusivo, tenía un camino central de entablado, donde hacían exhibición de caballos paso fino y exposición de mamíferos exóticos; anexo a una tarima, con músicos tocando en vivo para amenizar.

Esto que a continuación sucedió es digno de contarlo. Como recogía los platos, en ellos quedaban unos tequeños repletos de queso de exuberante exquisitez, no dudé en tomar uno que dejaban entero, ¡varias veces lo hice!; esa tarde comí sobra de ricos. Mi estatura es un metro setenta y tres, pesaba sesenta y nueve kilos, por estos días me llamaban el flaco.

Voy al meollo, algo que no dejaré escapar. Eran las diez y treinta de la noche, la gente empezaba a marcharse. Junto a una mesa había un caballero entrado en años, él pretendió levantarse apoyado en su bastón; el señor sumaba más de dos horas bebiendo cerveza, el estar algo mareado le impedía quedarse de pie; ahí corrí al apoyo, puse su brazo sobre mi nuca y lo tomé de la cintura para conducirlo a su carro. Su acompañante era una dama mucho más joven que él, ella no iba tambaleante. Del más ocupado de los socios se escuchó un grito, refiriéndose a un camarero, dijo: —¡Alberto, vaya a ayudar a Javier!. Lo agarro del otro brazo y lo colocó sobre su hombro, así entre los dos lo llevamos más rápido.

Al otro día el jefe luego del saludo, me dijo —Javier acompáñeme, en adelante usted solo atenderá a las personas que se sienten en la sala VIP. Así fue, no olvido que ese día, se botó en mi bandeja un cóctel margarita; estaba apesadumbrado por mi torpeza y de vuelta a la barra pedí reponerlo, de inmediato el barman atentamente lo reemplazó sin pronunciar reproche alguno.

Atendía a los clientes directo y sin intermediario, se sacaban fotos conmigo, me daban altas propinas debido a mi carisma y amabilidad al tratarlos. Es una de las experiencias de la que más he aprendido en mi vida, esta vez estaba al otro lado del escritorio; no como empleador sino como empleado.

Hay algo que no puedo dejar pasar sin contarles, fueron pocas semanas ahí en esa ocupación. En una de estas jornadas tuve un enfrentamiento con un camarero, sucedió en los primeros días de ayudante. Me dijo —¡upa burro! haga esto bien, no recuerdo de que se trataba; esperé el momento y en privado le hablé, dije: —amigo, yo necesito el trabajo, no me agradó el adjetivo que usó; si lo dices puerta afuera, conocerás y constatarás mi enfado en forma de agresión (francamente le advertí usando términos coloquiales). Replicó, dijo: —Oh no, no, tranquilo siendo así no te preocupes; no volverá a suceder, disculpa y gracias. Mis extraordinarios, no recuerdo oportunidad alguna en que me haya ido a las manos con alguien; soy pacífico y pacificador.

La propina que recibía se debía depositar a través de una ranura, en una caja ubicada en la barra; los otros trabajadores dijeron que ese dinero lo vería reflejado en el sueldo. Yo metía siempre billetes de la más alta denominación, los demás compañeros se lo guardaban o echaban uno de bajo valor para disimular; todos se impresionaban de mí, por la gratificación que la gente me dejaba. Seguí las reglas, no soy mediocre para quedarme con algo sabiendo que lo repartirían; solo esperaba que fuera a equilibrarme y alcanzara para cubrir los gastos.

La dueña de la pensión donde me hospedaba aguardaba al pago el sábado por la tarde, le dije: —¡espere doñita!, la semana de trabajo me la remuneran el martes; —¡por favor despreocúpese, hay mucho en lo que puedo ayudar!. Le hice reparaciones de fontanería, le arreglé su máquina de coser y mejoré unas instalaciones eléctricas; temporalmente cambiamos derecho a un cuarto por asistirle en mantenimiento.

Ansioso estaba mientras llegó el esperado día, luego de firmar una hoja de nómina recibí el sobre con el pago y conté el dinero, estaba el salario y la propina. Di las gracias al administrador y trabajé hasta ese turno, requería un ingreso más alto, fue la razón por la cual decidí abandonar. Prontamente me ocupé dejando este aprendizaje en el pasado.

Sin embargo, quiero destacar que fue algo de incalculable valor, mi permanencia trabajando en el restaurante resultó ser una de las experiencias más enriquecedoras. Por primera vez en mi vida me coloqué en los zapatos de un trabajador y fui llamado empleado; comprendí lo que se siente, honestamente para mí no hay diferencia, aprendí códigos que quedaron fijados en mi psique. Para con mis servidores uso el término colaboradores, hoy pienso en sus necesidades y trato de ayudarlos, a los más leales los determino como hijos.

La señora de la pensión me pidió ayuda y realmente me puso en aprietos la otra mañana, la observé mientras usaba una guaya para destapar una cloaca de aguas servidas, cuando vi de un tubo roto derramarse sobras negras y heces, dije: —lo siento señora, hasta aquí le voy a cooperar. Ella era nacida en Europa, traía la mentalidad de los migrantes que huyeron de la guerra; tomaba ese alambre sin guantes y no le importaba ensuciarse. En verdad, decidí que esa tarea no era para mí. Después de aquellos días me quedé en la capital, ganándome la vida reparando máquinas de coser a domicilio.

Caminaba mucho por toda la ciudad y con el fruto de mi trabajo costeaba el pago de estudios musicales. Visitando escuelas de música, en una de ellas conocí a un maestro graduado del Conservatorio, le planteé mi proyecto musical; pregunté sus honorarios y producto de una larga conversación, llegamos a un acuerdo. Practicábamos en su casa, con aportes mutuos compramos equipos y fundamos un estudio de grabación.

Bautista es su apellido, Osorio el de su servidor. Con parte de nuestros apellidos hicimos varias propuestas, el resultado nos agradó; concluimos que en adelanten se llamaría "BAOS MUSIC". Recuerdo como anécdota que una vez el profesor me dejó solo en el estudio practicando solfeo, al rato apareció de sorpresa observándome por una ventana, noté que me vigilaba por si hacía algo indebido; inmediatamente sin vacilar mi voz y mente continuaron, estaba inmerso en la tarea para el maestro. Este probaba mi honradez antes que mi persistencia, sin espera seguí a su indicación y orientación.

Aprendí mucho, esta vez de la persona indicada, me dijo: —en este ambiente de la música profesional, hay muchos demonios, debes prepararte. Señaló una caja de libros y dijo: —llévate estos cuatro y en la próxima reunión hablamos de ellos.

Marché de la capital a un pueblo a tres horas de distancia, mi progenitor me ofreció trabajar dirigiendo un negocio que iba a establecer; acepté su propuesta, pero con dos condiciones necesarias: la primera, dinero que me prestara, dinero que le devolvería y; la segunda, los domingos libres sin excepción, para ir a Caracas. Mi padre estuvo de acuerdo.

Fue así, en la semana trabajaba de lunes a sábado cerca de mi padre, el último día de la misma me reunía con el maestro, al tiempo que adelantábamos el proyecto, mientras tanto más libros me daba y con los meses la amistad crecía. Pasado más de un año, me nombró padrino de confirmación en la fe católica, de su hijo mayor. En adelante ese señor era mi único amigo, ahora mi compadre.

Describo un episodio ocurrido en el pueblo, junto a mi padre. Inicialmente alquilamos un local el cual surtimos de mercancías, yo dormía en la parte trasera del mismo; pasado un día de haber abierto al público, a la siguiente noche los ladrones penetraron por el techo y desocuparon el negocio. Entregamos este lugar por inseguro, afortunadamente el propietario lo entendió muy bien y procedió a devolvernos el dinero del depósito.

El primero de julio del año 2003, una amiga de mi papá le otorgó un contrato de alquiler por un local de 24 metros cuadrados de superficie, lo acondicioné y en él me acomodé muy bien. Trabajaba vendiendo prendas de vestir durante el día, ya de noche estudiaba los libros y escribía canciones. Tenía para entonces una rutina bien programada: seis jornadas de la semana en la tienda y el domingo dedicado a los arreglos musicales con mi compadre.

Es aquí cuando aparece en mi vida una chica, que con un coqueteo audaz atrajo mi atención, su figura era como la de una guitarra la cual me sedujo de manera inmediata; la primera vez dejó una chaqueta a mi cuido, en la segunda visita me trajo un yogur y galletas. Yo me preguntaba, ¿Dios mío que hace aquí esta mujer cuando tengo muy poco que ofrecerle? Le debo a mi padre el negocio, la cama y el televisor son prestados, solo tres mudas de ropa son mi capital. Bueno, ¡pídele a Dios y ahí tienes! Ella es hoy la madre de mis dos hijos, esa catira de ojos verdes se apegó a mis sueños y ellos le despertaron interés; en el presente no tenía nada, pero estaba segura que a mi lado habría un futuro brillante.

Pasaron varios años y diversifiqué el conocimiento. Mi compadre y socio leía mucho de superación personal, teoría de lo trascendental y metafísica. Yo me concentré en la áreas de Finanzas, Administración y Mercadeo. Incorporé el contenido de todos los libros publicados por un solo autor y así hice con muchos de líderes empresariales, personas acaudaladas a quienes considero mis tutores. A partir de allí a los seis meses me propuse objetivos y al poco tiempo las metas ya estaban cumplidas; le pagué el negocio a mi padre, a la vez que inauguré dos más.

6

A UN PROBLEMA UNA SOLUCIÓN: SE ENFRENTAN, IGNORAN O ACEPTAN

Hay tres salidas aplicables a cualquier adversidad: la primera, los problemas que se enfrentan; la segunda, los problemas que se ignoran; la tercera, aquellos con los que aprendemos a vivir. Quiero ahondar en cada uno de ellos para ser más ilustrativo y ampliar la visión, dejando un horizonte infinito de recursos para ustedes.

Hay ocasiones en que debes hacer frente a un timador o persona estafadora, sea esta una empresa u organización con camuflaje de honestidad, pero con fines perversos ocultos. ¿Cómo actuar?; ve al buscador de internet y consulta en línea sobre el caso en cuestión que te preocupa, esta indagación es sin costo alguno; seguidamente pregunta algún allegado a modo de curiosear, sin que este sepa que tienes problemas en ciernes.

Todo esto va gratis por ahora, en este punto ya tienes una cantidad de medios; pero aún falta por acudir a la asistencia pública. También todo acontecimiento ilícito tiene su contraparte legal que te resguarda, bien sea si eres víctima por el delito de hurto, robo, estafa, extorsión o chantaje; puedes acudir desde la Prefectura, hasta la Procuraduría y la Fiscalía entre otras instancias por nombrar algunas. Allí, en la entidad oficial te complementarán con la información necesaria, para afrontar y si el caso lo amerita optar por apoderado legal.

Sabes bien que el abogado va a deducir un porcentaje o cobrará un monto relativo por sus honorarios; eso sí, debes saber cómo funciona el sistema. En un conflicto el jurista se queda con una buena parte, ¿por qué?, sencillo; la ley que lo rige no todas las veces es el ganar-ganar; es ahí cuando entra la intencionalidad para concretar objetivos.

El buen negocio, el mejor acuerdo, es siempre donde las dos partes involucradas obtienen el mayor beneficio. No es el caso al enfrentar problemas sentimentales ya que, por ejemplo, de un divorcio regularmente el único que siempre gana es el defensor. Los hijos quedan con secuelas emocionales, aparte que algunos padres se distancian de sus chicos.

Voy a ir al contexto de un caso, en el cual me permitieron brindar asesoría. Me refiero a un amigo apreciado, el cual no menciono su nombre con el fin de conservar su privacidad. En una época de bonanza vendió un bien raíz localizado en Venezuela y el producto del mismo lo invirtió en Bogotá de la siguiente manera: pidió crédito a un banco local para la adquisición de un apartamento y luego de aprobado, pagó la cuota inicial; la misma constituía su capital disponible. Acordó depositar un monto variable mensual por un período de veinte años, el cual comprendía una porción por interés y el resto era amortización al capital de la deuda.

Él obtenía los ingresos de su trabajo como comerciante formal en Caracas, cuya moneda nacional se depreciaba sin cesar. Entregó su inmueble a un administrador especializado con la intención de alquilarlo, consecuentemente ese dinero cubriría el pago mensual a la entidad financiera; ¡no fue posible!, había exceso de oferta en el mercado de viviendas para alquiler, como efecto existía muy poca posibilidad de rentarlo. Mi estimado paisano, empezó a mandar el dinero periódicamente desde su lugar de origen, esto le ocasionó desgaste e hizo mucho peso en su economía, afectando a su calidad de vida. Pasó meses abrumado por el estrés que le ocasionaba la deuda, hasta ya consideraba vender la casa donde vivía junto a su familia, para cubrir los recursos que aquella hipoteca le demandaba; si incumplía con su obligación, podían ejecutar una acción de embargo y perdería el inmueble.

Tenía un negocio en dificultades y al borde de la bancarrota. Su madre me contactó, dijo: —¡mire Javier ayúdale!, sin dudarlo por un segundo dije a la señora, —con gusto, siempre y cuando él me llame y solicite mi asistencia. Conociendo su actitud un tanto escéptico, yo no podía contactarlo. Usualmente cuando las cosas se regalan pierde valor el contenido, el precio que yo exigía era tan solo percibir que actuaba con reciprocidad, con el simple gesto de consultarme y pedir apoyo, bastaría. Pasó un día y al siguiente, sí se atrevió; aunque poco crédulo al escucharme, sin saber nada sobre las herramientas que le aportaría.

A mi amigo, le dije: —compraste un inmueble en Bogotá, un apartamento de cientos en ese urbanismo, no hiciste mercadeo para conocer demanda de alquileres, no tuviste en cuenta la depreciación de la moneda en que recibes tus ingresos fijos. Cuando hiciste la adquisición tomaste una estrategia de entrada y esos recursos estuvieron resguardados en moneda dura, pero los intereses mensuales te fueron asfixiando, solo tienes una opción, ve de inmediato y efectúa una estrategia de salida (poner en venta), coloca el inmueble un 10% a 15% por debajo del valor actual de mercado y no vaciles mucho tiempo. Ya recuperada tu liquidez, luego de restar comisiones e impuestos; restablece la tranquilidad y no inviertas en lo que no conoces.

Preciso, a los dos días viajaba en un vuelo con destino a la capital de Colombia, siguió mis recomendaciones paso a paso y en dos meses se deshizo del problema; recobró la estabilidad y aumentó la confianza. Por eso es necesario un sabio de cuando en cuando, así en cualquier circunstancia.

¿Cómo se enfrenta la muerte o una quiebra? Con resolución, en toda área hay un asesor. Para lo primero está el cura, el pastor y el rabino, quienes te ayudarán a reencauzar tus emociones de la forma más idónea posible, tras la partida de un ser querido. Para encarar lo último acude al banco, él solicitará un fiador, o busca un prestamista, lo importante es que sea deuda buena, recursos para producción o inversión. A fin de cuentas, de la pérdida humana y económica te repondrás con resignación.

Hay circunstancias en las que la ira puede exponer a un individuo enceguecido, quien cree ser el único poseedor de la verdad, no entra en razón mientras está frente a un error, sus oídos son sordos, porque su falta de empatía reclama la adrenalina que necesariamente da la experiencia, sin importarle si alguien resulta lastimado. No atienden a opinión alguna, porque para él "en emoción ajena no sirve ninguna aconseja".

Desapegarse, más que abandonar, es desligarse temporalmente de algo. No confundan, ¡ignorar con omitir! Omitir es la acción de no actuar y no hacerlo puede significar muchas cosas, dar pie a diversas interpretaciones. Si yo callo ante una acusación estoy actuando con omisión; es decir, le estoy dando validez. Al no alzar la voz frente a una injusticia, paso a ser cómplice silencioso de ella.

Tengo que contar una nueva experiencia. En una ocasión un pariente requirió de conocimiento especializado para concretar un acuerdo, al cual yo acudí para auxiliar de diferentes formas. Constaba de una propiedad horizontal, esta vez la adquisición se trataba de un pent-house; al cual formulé mi opinión y por tener mayor experiencia en el ramo inmobiliario, me ofrecí para intermediar en aquella negociación.

Seguidamente de verificar la buena salud de los documentos del inmueble (con esto me refiero que estaba libre de hipoteca y gravamen legal alguno). Propusimos una oferta la cual incluía un vehículo, una porción en dinero contante y sonante a pagar de contado y el resto un monto definido para liquidar en un plazo de seis meses.

A pocos días la contraparte, después de chequear las condiciones del carro aceptó la opción, excepto que se redujo el periodo de vencimiento del compromiso por pagar, a cuatro meses. Realizamos la transacción siguiente: se entregó el vehículo, del cual se hizo un traspaso privado de inmediato, sin optar por la necesidad de firmar el documento legal en una notaría, ya que el adquiriente lo pensaba enajenar al poco tiempo. Se entregó la cantidad en efectivo, constando en acta privada y contentivo de todas las cláusulas, incluyendo una letra de cambio firmada por el monto adeudado.

Para resumir un tanto, les cuento que antes de la fecha de prescripción, el automotor se lo robaron dos veces y las mismas lo recuperaron ya que tenía rastreador satelital. Poco antes de cumplirse el vencimiento para pagar el saldo, quedada formalizar el finiquito de la compraventa en registro inmobiliario.

Me remito a destacar una situación en especial. Fue que, aunque el beneficiado directo no era yo, estuve enfrentando cada evento que se daba durante el transcurrir del acuerdo. Mi madre, quien me había pedido que asistiera a mi hermano menor durante todo el recorrido, comenzó alterarse demasiado, pedirme acelerar y dar más prontitud al proceso, para ello quería que me presentara como el presunto comprador, en reemplazo del favorecido real; propuesta que no acepté, le dije a mi progenitora —en este momento no puedo adelantar los trámites, porque estoy atareado en otros asuntos y no dispongo de tiempo para atenderlos.

Seguido de este paréntesis que pedí a mi madre; comenzó telefonear a mi casa, colocando a mi esposa en contra, a tal nivel que me sentí agobiado. Sin oportunidad de otra elección a la semana siguiente visité a mamá, solo le puse sobre la mesa dos opciones; la primera, dije: —tenga paciencia, cuando me libere un poco de carga laboral diligenciaré y cerraré el negocio con todas las aristas que esto conlleva; la otra, por favor deja la presión, porque tu proceder me parece injusto. Mi único argumento fue: —por favor detente, porque el control sobre mi tranquilidad no la dejo en manos de nadie, y sucedió.

Santo remedio, las llamadas diarias a mi casa cesaron. Entre tanto tuve un espacio de tiempo me dediqué y concluí el pendiente. Ahora tengo una hermosa relación con mi madre. Comunicarnos por teléfono, es bien recibido en un contexto cordial y de respeto a la ocupación y espacio del otro; pero no, si se hace con fines manipulables como fue en esta ocasión.

Lo digo porque soy un ser humano, que no llevaré flores a su tumba luego de morir mi madre, soy justo y me considero buen hijo. Estoy pendiente de suministrarle periódicamente sus medicamentos, proteínas y mantener activa su póliza de seguros, cuando estuvimos en pandemia por coronavirus, al despedirnos le daba un fuerte abrazo. Le hago video llamadas en vivo con mi esposa e hijos, además de cumplir con mi deber, lo hago porque ellos están viendo mi comportamiento. Sin duda, no es con mi opinión que hago un mejor mundo, ¡es con el ejemplo!

A mi esposa le digo, el día que me vayas a dejar déjame de abrazar, pero no me niegues tus besos; déjame las cuentas, porque siempre son mías; déjame la luz apagada, para encenderla luego de menguar la lujuria; déjame tu sombra, porque sé que en presencia estás a menos de dos metros; déjame tu ropa, para renovarla por una más sexy; déjame tu perfume, impregnado en mi cuerpo después de una caricia interminable; déjame una sonrisa, que recuerde hasta que vuelva a verte al final del día; déjame una nota, como la lista pegada en la puerta de la nevera cuando faltaban alimentos, ¡dame una oportunidad!

Retomamos. Aunque corresponde a cada uno de los dos líderes del hogar, tomar la mejor decisión, en ocasiones se omite por no hacer la interpretación más acertada. Cuando tu hijo te alza la voz y frente a esto callas, si palabrotas dice y no te sobresaltas, mientras saludas a tu esposa y ella no responde, ante cada una de las anteriores situaciones, tu estas actuando, sí, ¡actuando con omisión! No es solo reacción pasiva, más allá estás permitiendo e instaurando una cultura, ¡la cultura del irrespeto y la anarquía! Hay expresiones que no pierden vigencia, como ¡la educación empieza en casa! ¡El silencio otorga! Si no se responde a un estímulo, se entiende como aceptado, posible y válido.

Recientemente pasó un caso, en que alquilaron una residencia al lado de la mía. Una joven inició un emprendimiento dinámico de ejercitación y acondicionamiento físico, pero colocó la música a un tono muy elevado. La abordé de inmediato, tuve que dar como siete u ocho golpes a su puerta, ya que no podía escucharme porque el volumen del reproductor de audio no lo permitía. Pregunté al instructor, —¿por favor, se encuentra la señora?; —sí, enseguida se la llamo, respondió este. —Hola vecino en que puedo servirle, dijo ella al verme. —¿Cómo está vecina? muy buenas tardes, quiero pedirle un gran favor, mi oficina está junto a la pared que une las dos casas y estoy tratando de concentrarme, pero no es posible, ¿podría usted moderar el volumen, para yo continuar trabajando? — le dije. —¡con gusto vecino!—, me respondió y eso fue todo.

A partir de ese momento se restableció la armonía, tengo a la derecha de mí estudio una emprendedora que brinda

Bailoterapia, Taichí, entre otras disciplinas físicas, para ambientar la actividad usa música a un nivel aceptado, sin perjudicar a nadie. No olviden que mis derechos empiezan donde terminan los de mi prójimo y los suyos comienzan donde concluyen los míos. Es tema de comprensión básica.

En otra ocasión un allegado comercial usó groserías y términos inapropiados para formular un reclamo razonable. Yo lo invité a través de una citación a un ente gubernamental, idóneo en resolución de conflictos, para que acudiera y allí dirimir las diferencias. Proceder que anulé luego de que él compareciera ante mí persona, con disculpas entre otros argumentos, ya las paces estaban hechas y su requerimiento fue atendido inmediatamente.

Una sola ocasión escuché en alguno de mis negocios, a cierta colaboradora decir una mala palabra; esto ocurrió pasadas décadas de contar con operadores y asistentes en producción y ventas; lo menciono porque fue la única vez que ello sucedió. El termino era, ¡mala leche!; la cual de inmediato interpelé. Las expresiones son miel a la abeja, es la primera impresión intelectual que das a tu interlocutor.

No voy a omitir el siguiente pasaje. Un muchacho, contaba con tres años de antigüedad trabajando en uno de mis emprendimientos, un día cualquiera le di un aventón en mi carro; conversábamos acerca de las mujeres y la tentación que algunas de ellas representan, su esposa también había formado parte de la nómina. Jeremías me dijo —¡cuando de otras mujeres se trata, hay que saber hacer las cosas!—; así que le hablé de manera directa, puse pausa de inmediato, aclaré con mi punto de vista y dije: —no, ¡las cosas cuando se trata de infidelidad, simplemente no hay que hacerlas!

Este buen chico, luego de abandonar el empleo tomó otro, posteriormente inició su propio negocio; hoy lucha por mantenerse en el mercado. ¿Saben, cuáles son sus cimientos?; lo es una esposa y sus dos hijas que lo motivan a batallar, a esforzarse, a sobreponerse y seguir adelante. ¿Cuántos ricos no comprarían un boleto si la máquina del tiempo existiera?; ello para ir de vuelta y corregir los errores del pasado. El dinero no da otra cosa que abundancia o escasez, tenlo claro.

"Es ser afortunado lo que cuenta", que administres cada día con inteligencia; no te sobrevalores por encima de nadie por muy acaudalado que seas. La diferencia que normalmente existe es simple, unos aprovechan e invierten bien su activo más preciado, ¡el tiempo!; otros sencillamente ignoran esto y lo malgastan, no concientizan acerca de lo finito que es nuestra estancia en la vida.

A lo que llamamos cuerpo, no es otra cosa que el vehículo con que experimentamos la permanencia física. Cerca de 2502 millones de veces latirá tu corazón, en alrededor de 72 años antes de parar y terminar la existencia como materia viva. Yo en este domingo estimo que me quedan 6900 días en el plano terrenal, en estadística, pero, ¿saben cuál es el truco?; planifico para una vida interminable, sin embargo, me supero como si este presente, hoy, fuera la última oportunidad por vivir.

El mañana no existe, es una analogía social para el día o días por venir; el futuro, solo es interpretado por los soñadores, visionarios como tú. La siguiente, forma parte de mi estrategia y plan: el cuerpo se halla moviéndose en el presente, aunque mi visión se posa en un destino lejano y dejaré un legado que impactará positivamente a generaciones enteras. Hoy te hago parte de este equipo, el desafío es de a uno a la vez. Son palabras que enlazan frases y contienen ideas; es conocimiento enriquecedor para ser aceptado por el individuo con un cerebro sano y el tuyo lo está.

El caso de un niño que pierde a su padre en un accidente de tránsito. El chiquillo, a quien el brillo de sus ojos se le apagó por una enfermedad. La madre que, en su lecho, un infarto la vida le arrebató; producto de un accidente, una lesión en la columna vertebral ocasionó que una chica se movilice en silla de ruedas. El servidor a la patria que, como consecuencia al desactivar una mina explosiva, ésta estalló y de secuela una extremidad superior le fue amputada. Luego de tantas tragedias nace la esperanza, después de fracasos se acuña la experiencia, la vida puede cambiar ciento ochenta grados, la nueva realidad es diferente en total; son dolores insuperables que solo admiten adaptabilidad, porque las desgracias no tocan a la puerta antes de suceder.

Tratando estos temas, revivo cuando perdí a mi hermano mayor hace ya catorce años. Durante el momento mi cordura se mantuvo, pero como a un mes de su partida me encontraba en uno de mis negocios, cuando de repente él vino a mis recuerdos e incliné la cabeza en un escritorio, no pude contener el caudal de lágrimas que había reprimido por la pérdida inesperada e irreparable de Tino, era como le decíamos. Se siente extraño y a la soledad acudí, jamás con la intención de procurarme daño, solo esperaba consuelo con el pasar del tiempo.

CAMBIÓ MI PERSPECTIVA

Ahora voy a contar dos historias que sorprendieron y cambiaron toda mi perspectiva en un santiamén. La primera fue aproximadamente cinco años antes de fallecer mi padre, al observarlo regularmente encontramos ciertos comportamientos anormales; él era comerciante, había ido en su vehículo a comprar mercancía a una ciudad aledaña donde se encontraba su negocio; pero terminó yendo en otra dirección como a cien kilómetros más allá de su destino inicial. El siguiente detalle fue mientras mi progenitor hacía una revisión a los fluidos de su camioneta, vi cuando vertía aceite de motor en el recipiente para líquido refrigerante, de inmediato lo detuve y acudí a efectuar la reparación pertinente, antes de provocar daños mayores.

En respuesta lo acompañé en su viaje para supervisarlo de manera directa mientras conducía y así corroborar su competencia para ello. Era en un tramo de vía de más o menos una hora durante el cual noté muchas anomalías, él corría demasiado, obligándome a pedirle que bajara la velocidad en repetidas ocasiones. Nos detuvimos en una estación de combustible, al llenar el tanque de gasolina observé que pagó el suministro con dinero de más y no esperó los vueltos. Al llegar decidí, ¡ya es suficiente!

Me comuniqué con mi madre y hermanos. Concluí, mi padre, aunque contaba con sesenta y seis años de edad no estaba en condiciones para manejar su vehículo, ameritaba revisión médica inmediata. Me apoderé de las llaves de su carro y ese día pauté una cita para asistir a consulta con un neurólogo.

Siguiendo lo planeado nos dirigimos a un centro hospitalario y aguardamos en la sala de espera. Mi papá siempre estaba acompañado de una joven asistente, quien nos mantenía al corriente especialmente en lo referente a su salud. Pasadas unas pruebas neuronales, electroencefalograma, placas, exámenes de sangre... Ya con resultados en la mano, el doctor prosiguió a efectuarle un test de diez preguntas a mi padre, lo presencié, ellas quedaron grabadas en mí y las narro a continuación.

El galeno inicia el cuestionario con el siguiente interrogante. Empieza con la primera y le dice a mi padre — ¿señor usted sabe cómo se llama este espacio en el que estamos conversando en este momento? —mi padre respondió dubitativamente, dijo —bueno esto es una sala, un cuarto o una oficina—, y miró a su auxiliar esperando que como de costumbre le ayudara a aclarar cualquier duda, pero ella siguiendo una instrucción previa no podía contestar; el doctor respondió, —es un consultorio—, a la cual mi padre asintió con su cabeza. La siguiente cuestión dice, — ¿cómo se llama todo este lugar en el cual hay recepción, consultorios, sala de rayos X y quirófano entre otros espacios?—, mi progenitor nuevamente temeroso miró a su colaboradora, sin que ella pudiera servirle, dijo —debería ser un hospital o algo así—. ¡Está bien es positivo! , le calificaron.

—Pasemos a la prueba concluyente—, nos dijo el doctor. Sacó un cartón con ocho fotos, cada una de diez centímetros por diez centímetros, eran cuatro a lo ancho y dos a lo alto. Éstas contenían representaciones elementales, si no estoy mal se trataba de una silla, una mesa, un árbol, una bicicleta, un escritorio, un puente, un auto y un semáforo; eso tenía aquella pizarra, figuras fáciles de diferenciar. El médico mirando a mi papá le dijo —te voy a enseñar ocho imágenes que están en este papel, las verás por un período de diez segundos, en seguida la retiraré y pasados diez segundos más, tú vas a nombrar cada una de ellas—. Mi viejo dispuesto, cortés, concentrado y sin titubear atendió la indicación del galeno y respondió positivamente solo a tres de las ocho.

El especialista prosiguió a darnos su diagnóstico, claro y honesto, cuyas palabras jamás esperé escuchar en toda mi vida. —¡Su papá está loco!—, me dijo, yo miré a mi padre y este quedó atónito del susto, escéptico pregunté, —¿cómo así doctor?; —sí, él está loco, tiene una enfermedad llamada Alzheimer, replicó. Recuerda con bastante claridad hechos del pasado, pero los eventos del presente inmediato los olvida con facilidad. No pueden permitirle conducir, siempre debe estar frecuentado por una misma persona, aparte de indicarle un régimen dietario recomendó caminatas regulares al parque, adicional a una prescripción con medicamentos que no debía de faltarle en adelante.

Con sorpresa inédita y asombro absoluto, proseguí contar a toda mi familia lo acontecido, a enfrentar empezando por cambiar hábitos permanentes. Leí folletos, libros disponibles sobre investigación y desarrollo científico al respecto de esta enfermedad. Concluí que el reloj biológico para mi progenitor estaba en su contra, el cual comprendía un estimado entre cuatro a seis años de vida.

Continuó con la asistente que lo acompañaba, ya que sin ella corría riesgo de extraviarse. En función de los más recientes avances de la medicina, le suministramos los fármacos necesarios para paliar los síntomas propios de la enfermedad y así ralentizar su deterioro. Recuerdo que había unos parches cutáneos, siempre le daba por las mañanas un abrazo, con este le colocaba en la espalda uno de esos adhesivos en un sitio donde no alcanzara a retirar con sus manos. Le compraba medio kilo de mandarina a diario, para que la comiera en su oficina, ¡le encantaba!

Estuvo conmigo las veinticuatro horas del día sin faltarle un minuto de supervisión, le renové todo el contenido de su ropero, se vistió con prendas informales, jeans, franelas y calzado deportivo. Lo llevaba a la playa, aunque pocas veces se bañaba, íbamos al parque al menos dos días por semana y como precaución le compré una silla de ruedas y la cargábamos, por si en el recorrido se cansaba corría a auxiliarlo y sentarlo, yo lo empujaba y continuábamos.

El paseo era en un lugar hermoso, un bosque con caminos limpios, el cual comprendía un recorrido de dos kilómetros por el perímetro para completar una vuelta. Caminábamos una hora, a veces dos, realmente no me queda nada guardado porque a mi viejo tiempo le dediqué. Con mi esposa embarazada, los tres íbamos al parque, mi padre sentía celos porque ya no me dedicaba en exclusiva a él.

En una ocasión se fue dirigiendo a un costado del sendero y me encaminé detrás, por un descuido mío salió de aquel circuito y comenzó a gritar; decía —¡alguien me sigue!—, de repente un hombre se interpuso, mostró un cuchillo y me exclamó, —¡deje el viejo tranquilo, no permitiré que lo robe!, respondí, —es mi padre, tiene una enfermedad mental; este héroe blandeando un arma blanca afilada hacia mí le preguntó, —¿señor es cierto?, papá dijo, —sí, tranquilo es mi hijo; al fin pude apaciguar la situación antes de cruzar una autopista, solo Dios sabe lo que pudo ocurrir. En adelante las caminatas debía hacerlas dándole a mi progenitor toda importancia, porque no permitiría que sucediera de nuevo un acontecimiento parecido.

Superada esta etapa, lo llevamos a un centro especializado en el que brindaban cuidado a pacientes con estas características, en régimen de interno, el lugar era muy recomendado, cumplí con los requerimientos y cubrí las exigencias. Sin despedirme dejé a mi padre a las cuatro de la tarde, llamé toda esa noche para asegurarme que cumplieran con los servicios ofrecidos; fueron deficientes y al amanecer ya me hallaba retirándolo de allí. Mi viejo me contaba alrededor de las nueve de la mañana, que no había pegado un ojo durante esa larga noche. Mi papá estaba de vuelta en casa conmigo, le contraté una enfermera para atenderlo de día. Me regocije tanto, conversábamos y reíamos, cantábamos canciones como cuando era un niño.

Yo dormía en una cama junto a la suya en el mismo cuarto, para estar atento frente a algún evento inesperado, así poder despertar y socorrerlo según fuera el caso. Una mañana poco después de levantarse, estaba de pie frente a mí y lo noté extraño, comenzó un jadeo; ¡mi viejo estaba sufriendo un infarto! Lo tendí en la cama y procedí a resucitarlo, le di respiración boca a boca y con la palma de las manos juntas, empujaba su pecho; repetí el proceso muchas veces. Entre una tarea y otra no a iba dejarlo morir;

grité, —¡viejo, no te irás!, y mi esposa decía — Javier, ¡qué debo hacer!; repliqué, —tranquila mi amor, mi papá no se me va, segundos después percibí de él un aliento. Luego de aproximadamente cinco minutos sus pulmones volvieron a funcionar. —Ahora sí vamos al hospital, ya estás a salvo, le dije; entre respiración asistida y la compresión, hubo algo. Por supuesto que sí, mi Dios me lo dejaría para disfrutarlo por casi un año.

Pasados seis meses, mi padre salía del baño luego de ducharse, lo presentí de nuevo, iba a entrar en un colapso; cuando me vio corriendo a socorrerlo se repuso inmediatamente. Con su mano derecha hizo un ademán tratando de decir que lo dejara solo, mi padre quería descansar de su enfermedad, pero mi presencia lo estaba impidiendo. El padecimiento fue doblegando su salud, debilitó sus órganos e intuitivamente decidí que era el momento de llevarlo junto a mi madre. A pocos días, una mañana mamá nos llamó; — vengan todos, debemos entregarle amor, porque para luego puede ser tarde. Así mismo fue, a mediodía estábamos a su alrededor, mi viejo perdía movilidad de apoco, pedí no dejarlo solo y hablarle mientras estábamos reunidos allí.

A todos los extraños, vecinos y chismosos eché de la casa esa tarde. Llegaba el momento de despedirnos, él movía sus ojos solo para afirmar; —¡te queremos mucho, mucho, mucho!, le decíamos. Una lágrima inevitablemente me brota, —no temas al más allá, porque todo será perfecto le dije, repetí. —Fuiste el mejor y no es lisonja, si cien vidas tuvieras las mismas te querría como mi padre; ve tranquilo que mi Diosito te aguarda, dije. De su ojito derecho una lágrima nos dejó para recordarle, cerramos sus ojos bellos, ve y descansa viejo.

Añado esto que sigue porque no puedo aislarlo. Cubrí todos los gastos y ayude a preparar su cuerpo; coloqué la última ropa a mi padre. Esa noche dormí cerca de él en la sala de velatorio, me acomodé sobre unas sillas que junté; sería la última noche que podía acompañarlo.

Reíamos cuando cargamos su ataúd al último reposo, a la madre tierra; —¡Descansaste de esa afección mi viejo bello!, dije. Hubo algo que resaltar cuando pagaba el funeral, me di cuenta de un evento, fue la primera compra de mi vida en que no pedí regateo, en resumidas cuentas, a los seres queridos es lo último que se les da. Mi padre falleció de Alzheimer hace ya unos diez años, el último de vida lo pasamos juntos en mi casa. La presencia de mi hermano junto a la de él me visita en algunos sueños, cuando sucede me confortan y despierto alegre; sonrío, ahora me acompañan a todas partes.

Disculpen, algo iba a pasar por alto, les contaré. Hace como seis años quería intentar un negocio en otro país y por llegar a las once de la noche me acomodé en el aeropuerto, decidí pernoctar en una sala enorme sobre el suelo alfombrado, sabiendo que me ahorraría una estancia de hotel. El frío del aire acondicionado penetraba tanto que helaba mis huesos y me producía sueño intermitente. Sentí que mi padre me había propinado una gran bofetada; vino desde el más allá, su espíritu me decía, —¡no es esta la educación que he impartido, paga por un cuarto, no es lo que te enseñé!. Y vaya que no lo he olvidado, no sé cuántos pueden atestiguar acerca de encuentros tan vívidos con un pariente que haya partido.

LOS SÍNTOMAS

A partir de cumplidos los treinta años de edad, comprendí que en mí había algo que no era normal en relación con otras personas, mi mente volaba en tiempo y espacio, quería hacer y emprender muchas actividades. Empecé a lograr un enfoque definido, enfrentaba problemas con entusiasmo e ímpetu renovado, ante dificultades no consideré soluciones falsas, llámese vicios o excesos. Usaba técnicas como la actividad física, relajación, una ducha fría, un té entre otras para estabilizar mi jornada y armonizar el sueño. Para hacer la vida más que llevadera, con sentido y deseo de vivirla.

Hace como cinco años me salí un tanto de control, razón por la que decidí asistir a consulta con un terapeuta; finalizaba, salía y me sentía igual e intenso como cuando iniciaba la sesión. Le dije a mi esposa, voy en asistencia de una psicóloga recomendada, para ensayar si sucederá lo mismo; y justo experimenté igual sensación al terminar, continuaba el estrés y ansiedad con que había comenzado la terapia.

EL DIAGNÓSTICO

Días después recurrí a otro especialista, esta vez a un médico psiquiatra; le indagué, dije: —¿por qué la técnica de catarsis, de exteriorizar, de descargue verbo emocional no me funciona?. El médico respondió diciendo: —Javier, tienes una condición llamada TDAH; —¿qué es eso doctor?, le pregunté. —Ante tantos síntomas necesitas mucha tranquilidad, puedes reaccionar con impulsividad ante algún estímulo, tu cerebro va a una velocidad, tus neuronas se conectan más súbitamente y por eso sientes que a veces no puedes parar. Tienes energía extra, para ser productivo resulta maravilloso, pero debes tener cuidado con tu entorno familiar porque ellos son los posibles afectados. Hay un medicamento que debes empezar a tomar en su menor dosis de miligramos para que probemos, así sabremos como respondes ante este y evaluar que dosis te conviene, dijo: —Bien doctor, mil gracias, nos encontraremos de nuevo, me despedí.

¡Santo Dios! Me dediqué averiguar sobre el tema, internet, investigación científica, toda información disponible sobre el TDAH por indagar; en cuestión de días ya era mía. Trastorno de Déficit de Atención por Hiperactividad. Como resultado de la búsqueda descubrí que durante toda mi vida había tenido TDAH, desde los cinco años que inicié en la escuela quedaba primero en matemáticas. A los diez años iba a la bodega que estaba a dos cuadras de mi casa y luego de ir en bicicleta llegaba a pie, entonces corría a buscar la bici y estaba en el mismo sitio donde la había dejado. Se dio así, después al independizarme de mi familia, quiebra tras quiebra sin saberlo vivía con TDAH; inevitablemente estuve en la bancarrota en contadas ocasiones, debía ser proactivo y enfrentar mi nueva realidad a partir de este momento.

7

ADAPTABILIDAD DE LAS IDEAS

Mis extraordinarios lectores, de nuevo con ustedes, es un viernes de agosto, cinco y treinta de la mañana, me levanto, me aseo, tomo café e inicia la interlocución. Aquí nos encontrarnos de nuevo, la magia de la comunicación, en audiolibro o texto escrito.

Las tensiones que esta nueva era trae en competitividad nos obligan a entrenarnos más; es ahí donde radica la idea de origen bíblico, "sino que os transforméis por la renovación de la mente". Somos individuos con integridad, sin embargo, si logramos posicionarnos en el nivel consciente, podemos encumbrarnos a estados más elevados de crecimiento personal y autorrealización. Que la bicicleta y la caminadora estática sea el equipo en que ejercitas tu cuerpo y acondicionas tus músculos, pero que no parezca la analogía de avance de tu vida, porque es adelante hacia dónde vamos.

Cuando miras a los lados para saludar, ten presente que hay gente talentosa esperando por relacionarse contigo, oportunidades aguardando a que tú sagacidad y experiencia las descubra y haga suyas. Deslíndate de la siguiente afirmación: no hay nada más desencajado que un rico con ego o un pobre con orgullo.

A continuación, en los próximos párrafos les hablaré acerca de un proceso en el que transité junto a mi madre y, al final de ellos conocerán al protagonista anónimo a quien debo infinita gratitud.

Con mamá habíamos llegado al punto en que sufría fuertes dolores de cabeza, estados de ansiedad muy prolongados, padecía ciertos temblores y movimientos. Para suerte nuestra estaba afiliada a una compañía de seguros, de las más prestigiosas en el área de la atención médica y hospitalaria.

Cuando mi madre enfermó anduvimos de clínica en clínica, en una duraba dos días en observación, seguido pasaba los próximos ocho en casa, para nuevamente recaer. El ciclo continuaba, tres días hospitalizada otra vez le daban la salida, más tiempo en su hogar y volvía a desmejorar. Sucedió por tres períodos, al punto que nuestro buen juicio debía considerar todas las opciones que recomendasen.

En una de tantas visitas médicas un doctor aconsejó albergar a mi madre en una residencia de reposo para adultos mayores, con especial atención en la salud mental. Poco tiempo después mi hermana obtuvo la información de ese geriátrico privado y pidió que me encargase; generalmente soy el último a quien acuden, esto por mis mayores convicciones y acierto en la obtención de resultados positivos.

Hablé con mi progenitora dije, —madre, mi opinión es que usted no sufre demencia, si te parece bien ingresas, allí cumpliremos con todos los requerimientos; aparte pediré que te pasen al teléfono cada dos o tres horas y en ese momento me contarás si estás a gusto, si no es así sencillamente te retiro y nos vamos de vuelta a casa.

Así procedimos, ella recibió una revisión rutinaria por una psiquiatra que apareció de guardia en la institución privada. No pedí entrar para observar las instalaciones ni verificar que había un ambiente acorde y en condiciones. La doctora le recomendó que mientras se daba su estancia en el lugar, acudiera con todos y cada uno de los médicos especialistas que visitaba con regularidad, al internista, el endocrinólogo (ya que mi madre había sobrevivido al cáncer de tiroides), al cardiólogo, entre otros.

Llevamos su ropa e hicimos el ingreso de nueve a once de la mañana de ese día, todo estaba listo para que mamá iniciara un período de tranquilidad y recuperación. Retomo de ese pasado un evento que entristeció mucho a Graciela (mi madre), esto fue que a toda su vestimenta le escribieron el nombre con marcador negro, en la parte interior de sus prendas íntimas, batas y hasta adentro del calzado. Noté elementos extraños, se oían algunos gritos saliendo del interior, aparte eran enfermeros de contextura corpulenta quienes prestaban sus servicios.

Lo que había acordado previamente con ella esto mismo expuse a la directora del centro de cuidado para adultos mayores; solicitaba como indispensable me pasaran al teléfono a mi mamá cuando yo la requiriera, en seguida de asentir firmé el contrato por un mes e igualmente entregué el cheque que lo respaldaba.

La abracé y le expresé cuanto la quería, además le dije, —ya sabes queda tranquila, me voy, pero eres quien decide sobre tu vida; te llamo al rato cuando hayas comenzado a experimentar la vivencia. Partí de aquel centro de salud retirado de la ciudad ubicado en una zona de clase pudiente, con el pienso de retomar mis actividades cotidianas, muy interrumpidas en los últimos quince días por las demandas de mi vieja.

En tanto transcurre mi tiempo entre una diligencia y otra, llegan las dos de la tarde y yo avanzo a cumplir con lo pautado con mi Chela (forma cariñosa de llamarla). Procedo a telefonear, —Buenas tardes, mi nombre es Javier Osorio, ¿sería tan amable de ponerme al teléfono a mi madre, la señora Graciela Barajas de Osorio?, dije; la recepcionista replicó: —un momento, con gusto ya se la ubico. Le hablé: —bendición, ¿cómo te sientes?, me respondió con un: —¡hijo, venga por mí de inmediato!. Confirmé, —de acuerdo mamá, ¿pero estás segura?, y me contestó: —¡sí, completamente!, ven ahora mismo. Indiqué: —iré en seguida, en treinta minutos estaré buscándote.

Remonté la autopista, me dirigí en búsqueda de mi progenitora. Acudí a la oficina administrativa, hice la solicitud para retirar a la paciente; ellos argumentaron que había transcurrido muy poco tiempo y de seguro mi mamá tenía una idea muy vaga de todo lo que el entorno le ofrecía y los beneficios que obtendría a corto plazo. Frente a la rectora y enfermero, les repetí con actitud decidida: —por favor, traigan a mi madre con sus pertenencias ya que su decisión es no continuar aquí y muchas gracias, este fue el segundo y último intento.

Minutos después la tenía de frente entre mis brazos; al oído le dije: —en el auto hablamos, solo esperemos tus cosas, entre la cual estaba su ropa y una Biblia. Rato después con, —disculpas por el desacuerdo transcurrido y las molestias ocasionadas, hasta pronto, me despedí de los miembros de la institución. Nos subimos a mi carro y conduje de vuelta a su casa.

Graciela me cuenta que la alojaron en una habitación contentiva de tres camas, una de las dos señoras que la acompañaba gritaba sin parar (síntomas psiquiátricos), aparte había otras mujeres con episodios delirantes. La fachada de la institución era muy bonita parecía campestre, pero puertas adentro había un patio pequeño para recrearse, además de pisos y paredes. —Algunas personas tienen enfermedad mental, me decía mamá. En resumidas cuentas, mencioné: —¡madre como prometí, te cumplí!, vamos. El hogar de reposo no era lo que mi madre necesitaba.

Planificamos de inmediato según la recomendación de la psiquiatra. Convenimos en visitar a cada uno de los especialistas que la habían tratado con antelación e iniciamos al día siguiente. Previo a solicitar y acudir al conjunto de consultas que nos aguardaba, hice una llamada a la institución, para solicitar la devolución de los recursos pagados por un mes de internado.

La telefonista argumentó que se prestó el servicio oportuno, aparte no era lo habitual devolver el dinero, en pocas palabras dije: —tengo gratitud por aceptarla y también pena por retirarla, pero pueden deducir del monto total lo que ustedes consideren consumido por la incomodidad ocasionada y devolverme el excedente. Esta se comunicó con la Administradora quien autorizó pasar a retirar el cheque con el 100% del monto. —¡Muchas gracias!, dije y di el nombre de mi hermano para que acudiera a retirarlo a la brevedad. Aquí concluye este episodio en el que me topé con personas humanitarias y profesionales, muy dispuestas a servir y ayudar a los requerimientos de los pacientes.

Así, iniciamos en el consultorio con el médico internista, luego de revisión exhaustiva concluyó que debía seguir con la misma indicación que venía tomando, Candesartán de dieciséis miligramos con Hidroclorotiazida de doce y medio miligramos, una pastilla en la mañana acompañada de un protector gástrico. Todo ello en aras para conservar su tensión arterial dentro de parámetros normales.

Continuamos con el endocrinólogo, un longevo curtido en años y experiencia dijo: —hola Chelita, ¿qué te trae por acá?; mi mamá muy gustosa de que aquel Médico aún viviera, ya que este la conocía por haberla intervenido de cáncer de tiroides y dado apoyo durante el proceso. Respondió: —me pasa esto doctor (contó acerca de todo su malestar y dolencias regulares). Luego del examen propio de su experticia concluyó que todo estaba bien, estableció la misma dosis de Eutirox de cien miligramos una píldora diaria igual como la venia tomando en ayunas. —Le tengo a un amigo, ¡es un veterano!, (fueron sus palabras refiriéndose a un colega con amplia experiencia), ¡él va a levantarla a usted!, nos dijo; después procedió a darnos los datos y marchamos, no sin antes mostrarle gratitud.

Ahora sí, ya estábamos en consulta frente aquel médico milagroso en quién descansaban todas nuestras esperanzas; es un doctor alto, no llegaba a los setenta años de edad. Le dijo: —póngase cómoda doñita voy a escucharla, ¿cuénteme, usted que siente?. El doctor, médico psiquiatra se enteró de todos de los síntomas que la aquejaban, a cada uno de ellos le asignó un diagnóstico dijo: —usted padece de episodios de vértigo, esos dolores recurrentes en la parte anterior de su cabeza, el sueño interrumpido, los temblores y ansiedad aislados; provienen de esta misma enfermedad. Nos fue franco, —hay unas medicinas que son efectivas para controlar estas dolencias, pero los laboratorios que producen fármacos en el país no la fabrican, así que tienen que tratar de obtenerlas afuera, dijo.

Sin dudar y con respuesta inmediata, asentí: —¡tranquilo doctor!, no importa el costo ni destino al que tenga que ir, las conseguiré, y así fue. Como desconocía el nombre comercial de una de ellas, me dio la denominación de los componentes activos del fármaco, basado en esto traería varias muestras en mínima cantidad. Aparte le recetó unas que eran para tomar al acostarse que sí se conseguía en el país.

En el primer transporte del día siguiente crucé la frontera, conseguí varios medicamentos, unos con un componente, otro con varios y alguno más con un genérico añadido. Opté por traer tres semejantes, cuyos elementos activos podían ser lo más aproximado a la indicación médica. De vuelta en consulta con el galeno, empecemos con uno en particular, este lleva por nombre Fencafén, recomendó una pastilla al cenar; otro llamado Amitriptilina de veinticinco miligramos, indicó dos al acostarse; acerca de los demás: —no convienen, dijo. Los días pasando y mi madre recuperando la salud.

Pasadas dos semanas fue sorprendente la recuperación de mamá, este eminente médico la restableció; desde estar de una clínica a otra, hospitalizaciones cortas y de alojarse por pocas horas en un centro de reposo; hasta contar con excelente calidad de vida. Es su realidad actual, luego de cinco años que asiste periódicamente a su consulta, cuenta con mejoría completa al punto de no necesitar de asistencia humana para cumplir las rutinas diarias.

Tengo una recomendación para ti, para ello mantendré el anonimato del autor de este episodio. Un destacado médico internista con maestría, egresado de una Universidad en Paris, Francia, con quien conversaba en muchas ocasiones; estas personas pasan a ser muy cercanas, porque le confías el bienestar tuyo y el de tus seres queridos. En una ocasión lo escuché conversando con otros señores, ellos eran emprendedores y hablaban de transacciones y negocios; frente a los cuales el excelentísimo médico respondió, "yo nunca me ocupé de eso".

¿Qué significa esta negación?, mi estimado doctor a quien le tengo agradecimiento inconmensurable, en el transcurso de su vida productiva no se planteó la posibilidad de percibir ganancias o dividendos resultado de inversiones o empresas a su nombre, solo el producto de su capacidad intelectual era el generador de ingresos. Esto porque no incorporó ideas diferentes, al área de su ejercicio profesional.

Para cambiar realidades es apremiante imbuir en nuestro cerebro disciplinas que nos permitan en primer lugar, tomar riesgos calculados antes del inicio y puesta en práctica de emprendimientos; en segundo lugar, ya controlado con las capacidades necesarias, el equipo asesor calificado y competitivo en cada área; desarrollar esa intuición, que te dará ventajas al formularte planes y; en tercer lugar, poner en acción proyectos que te sacarán de ese consultorio, de la oficina. Te permitirá tener entrada de efectivo aun cuando estés enfermo, de vacaciones o dedicando tiempo a tu familia.

En cada era ocurren cambios. Para adaptarse a cada cambio las sociedades lo han hecho tardíamente, empezando por todos los niveles de la educación. ¿Por qué no añaden al menos negocios y finanzas, desde los últimos años de la primaria? ¿Por qué, sí las dan en la secundaria, es como electiva y no obligatoria? Simple, porque la falta de información genera control.

Otra respuesta es que, a la mayoría de los países llamados en desarrollo no les conviene que su población conozca acerca del funcionamiento de los bancos, porque caso opuesto no existirían ahorristas y en su defecto se llamarían inversores. ¿Por qué los gobiernos niegan a los chicos de corta edad, el interés y la curiosidad por saber acerca del dinero? Llanamente porque se necesitan profesionales, empleados y obreros, con conocimiento limitado acerca del manejo y multiplicación de la riqueza. Caso contrario lo atiborran con deudas, lo hacen débil ante productos nuevos disfrazados de beneficio, cuando en realidad están empeñando su futuro financiero; peor aún y más lamentable, muchas veces la siguiente generación repite el mismo esquema.

Es necesario romper el molde, es tan radical esta práctica que muchas religiones limitan el conocimiento a sus feligreses o seguidores, exclusivamente a un libro, llámese Biblia, Corán, etc., porque temen que la ampliación del conocimiento por parte de sus fieles les haga cautivos; mientras en efecto están liberándose.

Cuando te complementas y diversificas construyes más tolerancia con los que no creen en lo mismo, con los que disienten de su pensar. No se trata de negar o separar lo espiritual de la ciencia, ni menos reemplazarlo. Dios actúa a través de los hombres, por ello, si no respetas a tu prójimo al que puedes tocar, ¡mucho menos vas amar a Dios, a quien no ves!

Son creencias transformadoras que no se basan en dilemas, más bien es la modificación de paradigmas; donde lo bueno se mantiene, lo obsoleto y nocivo se renueva. Gastemos lo necesario para vivir mientras estemos en el proceso de capitalizar, después vendrán los beneficios. Todo está en el cerebro y su producto son las ideas, ellas te brindarán la posibilidad de disponer de recursos para cuidar a los seres que amamos. Vuélvete experto, masifica cual productor de pensamientos que te llevarán a lugar seguro; joven o no, con privilegios o sin ellos, sobre todas las cosas y lo enfatizo, ¡con mucha sabiduría y humildad! Mis extraordinarios lectores, hasta el próximo que vamos en avanzada.

8

IMAGINA EN LA DISTANCIA

He consumido la tinta de mi primer bolígrafo en no menos de tres sentadas y empiezo el segundo en este episodio. Visualicemos el lapso o puente conductor que se encarga en primer lugar de transmitir el sueño al siguiente nivel, ¡la imaginación!, sé un soñador. Imaginando me suelo liberar de modo tal, que logro llegar inclusive a posicionarme en una realidad que visualizo en la meta de mi objetivo. Percibo a través de la migración consciente del ser, el bienestar que genera a los míos y la afectación positiva que crea al entorno.

No es suficiente con un sueño, es necesario añadir acción al mismo, para ello está la herramienta más eficaz; añado conocimiento enfocado, acorde con la especialización o especificaciones que exige mi plan, todo conducente a llegar a destino en un tiempo definido. Uso la visualización, con ella me traslado a lo posible, lo lograble, de allí obtengo la energía que me impulsa.

Entre mayor cantidad de información acumulada, más ayuda a no cometer errores y genera menos posibilidades de incurrir en fallas previstas, hasta llegar incluso a anularlas. Tengo tres historias que compartir en cuanto a implantar negocios se refiere; explico el porqué de la importancia de realizar un proyecto con una antelación prudente. La planificación es indispensable y entenderán las consecuencias, cuando no se cumple con ella.

La primera sucedió hace aproximadamente 8 años buscando vida económica en una ciudad de Centroamérica, lo decidí porque tenía los recursos mínimos suficientes para iniciar un negocio en cualquier país. Mi experticia se basaba en su mayor parte en tiendas al por menor de prendas de vestir, aunque en mis inicios junto a mis padres trabajábamos otro género como calzado y también fabriqué piezas en mezclilla. Para ese entonces en el 2013, la información por internet en algunas áreas no abundaba, en muchos temas era necesario hacer investigación en el sitio.

Bien, ya con un boleto de avión, llegué, alquilé un vehículo por tres días, un cuarto con agua tibia en un hotel con seguridad mínima, estacionamiento y más nada necesitaba para comenzar una nueva experiencia. Inicio a las cinco de la mañana del primer día en ésta capital, cargué full de combustible, tomé unos cuantos mapas locales y conducía por las principales arterias viales, aparte también recorrí a pie los sitios más concurridos y centros comerciales emblemáticos.

Consulté precios y disponibilidad de locales para uso comercial, con ubicación para mercadear mis productos en un nicho favorable y con abundante tránsito de personas. Visitaba lugares con buena afluencia de clientes, entraba, hacía diferentes lecturas, porque para vender bastante es necesario un espacio acorde, variedad de productos, ofertas, atención, etc. De manera visual hice un estudio de mercadeo en establecimientos, esto con miras a disminuir el error al mínimo al abrir la santa maría. Ya había puesto la mirada en una superficie comercial, donde el alquiler se ajustaba y los requerimientos del contrato eran accesibles, así que pedí dos días al propietario para formalizar el acuerdo.

El día dos lo dediqué a la asistencia legal. En mi condición de extranjero por cada tres trabajadores nacionales contratados, puedo traer uno foráneo a trabajar de manera legal. Contaba con mis colaboradores de confianza, ellos conocían todos los procedimientos y llevaría a uno, quien lideraría cualquier emprendimiento que estableciera; ya lo habíamos hecho en el pasado de una ciudad a otra dentro del mismo país, pero esta vez sería de un país a otro en el mismo continente.

Me apersoné en las oficinas públicas y obtuve la información requerida, los trámites tenían denominaciones parecidas, con fines iguales: protocolizar, registrar, pacto comercial; en mi caso se trataba de una compraventa. Empezó la indagación sin cesar e iba anotando en agenda, hacía la misma pregunta a dos o más funcionarios; no podía tomar riesgos, debía averiguarlo todo de manera correcta y precisa, recababa elementos que me condujeran a una toma efectiva de decisiones.

Les comento los resultados totalmente fidedignos que logré en esos dos siguientes días. Los extranjeros no pueden establecer actividad comercial formal en rublos como prendas de vestir, ni calzado al por menor, esos renglones de la economía eran exclusivos para nacionales. Los únicos sectores permitidos para forasteros eran los restaurantes de comida típica, salón de peluquería, cosmética, lavadero de vehículos, entre otros servicios; también podía constituir un negocio de mantenimiento en áreas como electricidad, construcción, refrigeración, plomería, mecánica automotriz, etc. absolutamente nada en lo que yo tuviera experiencia, aparte debía estar certificado sí quería formalizar una compraventa de vehículos usados o ser un corredor inmobiliario.

Ahora otra perla, en muchos países tú elijes una locación donde ejercer una actividad económica; la legislación te permite prudencialmente de dos a tres meses para que regularice el emprendimiento en todos los temas afines, tales como registro de comercio, impuestos de hacienda nacional y municipal, contrato de servicios y demás. En este país esa norma no aplica, igual las formalidades legales se hacen previa apertura del negocio; en resumen, tú al abrir por primera vez al público estás en obligación de tener todos los permisos al día.

Yo regresé con mente abierta de esa primera estancia en la metrópoli. Contaba a mi esposa el pro y contra a abordar, luego de discernir entre posibilidades y adaptar el presupuesto a esta realidad, decidimos incursionar con un restaurante típico de comida colombiana. Puse manos a la obra e hice un segundo viaje al extranjero un mes después, inicio gestión del registro de comercio y otros documentos; los cuales tardaría unos días en revisión para pasar a otra fase con hacienda. Esta vez solo tardé dos días, pagué honorarios profesionales por 1200 dólares y volví a casa; estaba listo el objeto social y nombre el cual era "Pollos Sebastián". Pronto el tercer viaje sería alquilar un emplazamiento idóneo y a trabajar en desarrollo del mismo, pero una eventualidad disminuyó el capital disponible para el proyecto; en ese entonces vivíamos en Venezuela.

Hubo una devaluación que se acercaba al 30%, ésta derribó mi patrimonio, dinero que se encontraba en moneda nacional, aparte había muchas restricciones que impedía convertirlo en divisas y trasladarlo al exterior. Como he dicho en anteriores oportunidades, la experiencia no se adquiere en la farmacia. La pérdida total no llegó a 1900 dólares incluyendo los viáticos, boletos y alojamiento, en 2 viajes aquel hermoso destino. Quedó una cuenta bancaria a mi nombre con 300 dólares y mucho aprendizaje para implementar en el presente inmediato.

Entiende que si no buscas asesoría legal sobre este tema tú llegas y ubicas un local, firmas un contrato de alquiler a tiempo definido y comienzas a comprar mercancía seca para vender al menudeo. Según tu percepción, ¡cómo crees que debería funcionar la legislación mercantil!; esperas de uno a dos meses para diligenciar los documentos pertinentes. Como consecuencia te llega un fiscal y cierra el negocio que abriste pasadas pocas semanas de estar pagando arriendo. Por otro lado, te visita el funcionario con una multa por ejercer actividad comercial ausente de toda tramitación; sin haber posibilidad alguna de poner a la venta artículos prohibidos para emprendedores extranjeros.

Resumamos: perdiste 3 meses de alquiler, ¡barato a 1000 dólares por mes!, que equivale a 3000 dólares; tienes que devolver a quien fue el proveedor mayorista de esas mercancías, argumentando la situación pierdes 20% por debajo del costo; ¡entonces aquí adicionas 1700 dólares más!, y suma la multa de 500 dólares por incumplir la norma vigente. Así la pérdida total rondaba los 5200 dólares, por básico tema de noviciado como inversor en el extranjero y desconocer la legislación.

Esta otra experiencia a contarles no fue mía, pero tengo el asidero que la sostiene, esto significa que es veraz. Muchos inversionistas compraron taxis en un país caribeño, para ese entonces no existía el sistema UBER; los propietarios entregaban a un operador los vehículos y quedaban en espera de rentabilidad. El país brindaba la ventaja de tener cupos disponibles en su capital, situación que en otros destinos es limitado como por ejemplo en Bogotá. Allí, si deseabas adquirir un taxi podías hacerlo comprándolo de segunda mano, porque nuevo no había la posibilidad ya que la cuota de mercado estaba saturada para ese entonces.

Muchos colocaron su dinero en esta capital del Caribe centro continental. Como punto único y central para decidirse e invertir, bastó con que solo se enteraran de la oportunidad de la existencia de cupos abiertos para vehículos nuevos en el mercado, descuidando todo el tema de la legislación de tránsito. Resulta que una multa por pasarse un semáforo en rojo cuesta 100 dólares, la tarifa básica que cancelaba un conductor por vehículo asignado doce horas era de 20 a 25 dólares la jornada. La penalización era muy rigurosa y de diferente naturaleza; controlaban el exceso de velocidad en las vías con cámaras lectoras de matrícula; las cuales reemplazan a los policías de tránsito que uno acostumbra a ver. El tema de control vial y pare usted de contar, luces defectuosas, neumáticos desgastados; aparte, ¡con funcionario de tránsito incorruptibles!

Resultado, los choferes entregaban las unidades en los estacionamientos autorizados por el administrador; al otro día, ¡no aparecían más! Se enviaba a consultar con el certificado de registro del vehículo, como respuesta tenían sanciones por cubrir, incluyendo amenaza de embargo por impago. Inversionistas, un vehículo rodando solo de día presuntamente debía producir 600 dólares al mes, caso contrario poseían multas que llegaban a 500 dólares.

Aquí empiezan a vender taxis en oferta, ni siquiera se esperó a rodar al menos 50 000 km para luego liquidarlos, no, no, no. Vehículos con 3000 km y máximo 15 000 km a la venta, barato; ¡cuánto me ofrece, que es suyo! Mis extraordinarios esta experiencia no la sufrí yo, es una analogía sobre los resultados que se obtienen cuando no hay un estudio previo y exhaustivo, porque no se imagina en la distancia, de un lugar a otro las reglas pueden cambiar.

Si emprendes fuera de tu país debes cuidar de tu estatus migratorio y conocer por completo la legislación que regula la actividad económica a desarrollar; los entes gubernamentales involucrados y tiempo que se tardará en poner operativo el proyecto. Es muy importante e indispensable hacer y prever todos los posibles eventos futuros a través de un minucioso plan.

Doy un sencillo ejemplo. Mi esposa quería cambiar nuestra realidad hacia un destino en ultramar, donde podríamos dar mejores oportunidades a nuestros dos hijos,

Sebastián de once y Santiago de tres años. Me propuso un destino en Europa, le parecía atractivo por lo que ella había oído al respecto de este país. Mis extraordinarios lectores, lo escuchado entre amigos, las opiniones y los comentarios; en fin, todo cuanto pueda emitir un allegado o extraño de un tema en específico son una cosa, pero de allí a la realidad hay un trecho largo y una diferencia enorme.

No olvides, que los decires están cargados en muchos casos de contenido emocional, de alarde, el ego, la necesidad de control y pare de contar. El caudal de tergiversación que surge de la realidad interpretada por un individuo que se mueve por una sensación, alterada buena parte de esta por la percepción individual. Nunca es igual, teniendo en cuenta la historia que escribe día a día cada persona; no piensa lo mismo un mecánico que busca empleo en Estados Unidos y el jubilado que se encuentra adaptándose al retiro o la visión de un inversionista.

Para validar o derrumbar teorías están los planes. En este caso les llamo esquemas; a mi esposa le dije: —dame 6 meses o 1000 horas, lo que suceda primero y antes de lo pautado tendré la respuesta real. Toda estará basada en indagación actual publicada en documentos de prensa, será información comprobada en temas cotidianos como la regularización migratoria para el grupo familiar, la entrada al sistema financiero local, la incorporación para acceder al régimen de salud, el funcionamiento de la normativa impositiva, entre otros aspectos.

Desde el punto de vista del emprendimiento los precios de alquileres, zonas o regiones del país con costo de vida más factibles de cubrir; oportunidades referenciales para nuevos proyectos, negocios o ideas generadoras de empleos e ingresos; en el marco de la legalidad. ¿Cuáles son los tiempos, costos para legalización y puesta en marcha de una empresa? Sea de producción, servicios, venta al mayor o detal. ¿Hay cohesión para los inversores extranjeros o los limitan a ciertos sectores o renglones de la economía?

¿Cómo funciona el sistema escolar?, para la inserción de los niños en el mismo. ¿Cuánto cuesta el transporte en sus diferentes modalidades?, público o privado. ¿Funciona un aeropuerto en las cercanías a la locación, en donde el ruido que se genera afecta el desempeño y la buena gestión? Las tarifas y el acceso a los servicios básicos, tales como electricidad, calefacción, telefonía, agua potable, aseo urbano, acueducto y alcantarillado. Considero sin quitar relevancia a las otras, la importancia de contar con una buena conexión a internet de alta velocidad; es indispensable el Wifi con disponibilidad las veinticuatro horas en nuestro recinto de trabajo y vivienda, el aprovechamiento de la red al máximo para gestionar todo lo que sea admisible y normativo por el Estado.

Importante los temas naturales, conocer: ¿es una zona de tornados? ¿Hay nevadas, volcanes que amenazan con erupciones o eventos meteorológicos? ¿Existe cerca una falla sísmica activa? ¿Se dan temblores y terremotos con frecuencia? ¿Cuáles son los niveles de contaminación? ¿Suceden inundaciones periódicas en ese emplazamiento donde piensas instaurar tu empresa, qué impida operar por períodos amenazando su continuidad en el mercado y hasta te puedan llevar a una bancarrota? ¿Hay catástrofes causadas por sequía, los incendios forestales obstaculizan la movilidad y aíslan la posible zona qué elijas cómo residencia? Si es un objetivo productivo rural, ¿se presentan heladas qué reducen la posibilidad de siembra y, en este caso te dejan cesante con producciones estacionales?

Los temas sociales a tomar en cuenta: ¿conoces los índices de mortalidad por violencia? ¿Cuáles son las tasas por muerte natural? ¿Cuáles son los índices de suicidio y sus causas? ¿Son efectivos los órganos de seguridad o se amerita contratar escolta privada?

Una nueva inquietud, las estructuras o edificaciones de propiedad horizontal: ¿son seguras para vivir en ellas? ¿Cumplen con los códigos de construcción? ¿Qué antigüedad tiene ese inmueble a alquilar o comprar? ¿Qué parte de tu dinero te quita el banco? A veces es más inteligente adquirir un terreno y construir; con lo que te quitan de impuestos más el traspaso de una vivienda en condición de hipoteca puedes edificar dos habitaciones junto a una sala, comedor y baño en parcela propia quedando libre de deuda.

¿Qué es más factible? Instalarse en la ciudad o buscar zonas rurales, que te exijan menos tiempo de traslado diario y reduzca gastos de combustible a fin de mes, o es más inteligente moverte por sistema público o quizás en bicicleta si hay una red de ciclo vías. ¿Es un país con buenas relaciones con sus vecinos y la comunidad internacional?

Si su idioma no es la lengua nativa de los tuyos: ¿están abiertos a incorporar esta nueva con agrado? Averigua sobre la aceptación de foráneos en esa región, ¿tú inserción va a ser segura y no sufrirás xenofobia, discriminación racial o cultural?, ¿vale la pena?, o ¿son mayores los perjuicios que lo beneficios?

¿El clima es algo que tu salud y la de los tuyos puede enfrentar, en el caso de las estaciones?, esto si hay miembros de tu grupo familiar con enfermedades crónicas especialmente respiratorias; como asma y otras en donde la exposición a temperaturas variadas puede pasar factura. ¿Tienes posibilidad de cubrir a los integrantes de tu familia con una póliza de salud?, así te permite enfrentar contingencias en esa índole, ya que si no prevé esto de la noche a la mañana podrías quedar en la nada y esfumarse tus recursos para inversión.

¿Tus hijos están convencidos de que los cambios tan radicales, se hacen buscando propósitos que a futuro traerán mayores oportunidades?, ello porque tienen claridad que las dificultades presentes e inmediatas serán solo al principio y no eventos duraderos o permanentes. ¿Quedan claras tus expectativas, que la adaptabilidad al inicio no se asimilará fácil?, esto debido al desarraigo de las costumbres y cultura. También debes tener presente que las creencias pueden estar a prueba por un nuevo sistema de valores.

A mi esposa le dije: —Bueno mi amor no fueron necesarias mil, con doscientas horas de investigación en un mes y medio bastó; tengo noticias que desmontan con creces toda la información que en forma de opinión y rumores llegaron a tus oídos. Inicié mi lista de argumentos, ¡porque este no es un objetivo viable para nosotros en un futuro inmediato!, podría ser válido considerarlo, pero debíamos planificar a cinco años, aunque no era lo que la situación actual nos exigía. Así que empezamos a optar por otro destino más cercano, en este estudio me encuentro en la actualidad.

Reanudo con una sola reflexión cuando de iniciar vida en otro país se trata, por eso a estos temas le sumo gran imaginación; es mucho lo que se deja atrás, ¿es indispensable? ¿Es mayor el beneficio que el perjuicio, repito?; si es así, de seguro nos encontraremos en otras latitudes. No pretendo ser pesimista, pero escucho muchas opiniones y de diversas fuentes conceptos errados, sobre este tema en cuestión.

¿Si se trasladara al pasado volvería a migrar?, muchos dan un sí tajante y responden rápido; otros dicen no, el sufrimiento fue innecesario. Alguien replicó, el dinero o la comodidad que logré no permitió que despidiera en su lecho de muerte al ser que más he amado; es algo que tendré que aceptar y tratar de vivir con ello. Un famoso influencer internacional contestó: —yo pienso que lo que desarrollé afuera bien pude haberlo hecho en mi país natal, así que no migraría.

Allí tiene nuevamente asidero lo siguiente, por las fronteras solo se pasa, pero ese hecho por sí solo no genera que las ideas que producen tu cerebro se transformen al cruzarla. Imaginemos por un momento los detalles que pueden salir mal; es mejor perder pocos minutos en la vida, que la vida por pocos minutos. "Ser competitivo es el objetivo, buscar la excelencia es la máxima".

Te voy a ilustrar con dos ejemplos básicos que están ahí todos los días en anaqueles de abasto, supermercados o en negocios genéricos: las bebidas negras y con alto contenido de colorantes. Si estás en los cincuenta años de vida, ¿has consultado alguna vez a un especialista urólogo, cierto?, ¿preguntaste sobre las piedrecillas o cálculos renales?; en parte viene de allí, del alto consumo de estas sodas, inmediatamente es necesario sustituirlas por bebidas naturales o agua.

Analicemos el segundo ejemplo, yo puedo refrescarme para obtener una relajación moderada con una o dos cervezas, pero no va a resolverme un problema que consuma veinte; ¿voy a dar buen ejemplo a mis hijos cuándo me vean en estado de ebriedad?; ¡no, jamás! Mencioné solo dos muestras de productos legalmente consumidos en la mayor parte de los lugares del planeta que están habitados.

Si subestimas tu iniciativa porque te adaptaste a lo que podías comprar el quince y último de cada mes, eso no cambiará en un nuevo destino. Pero si tu inventiva se basa en la creatividad dispuesta al emprendimiento, es porque te has comprobado a ti mismo que lo lograste en casa. Así que afuera el triunfo y la fortuna te aguardan con brazos abiertos. ¡Éxitos!.

9

EL PODER DEL AMOR

Hola, hola, hola; estás a tiempo de conocer un contenido que cambiará tu perspectiva en lo concerniente al desarrollo del potencial humano a gran escala; no es indiferente a nadie. Esta, una simple y llana palabra es "amor". Encierra un océano de eventos con variaciones que trataré de ilustrar en este día y es posible que con la mente abierta lleguemos al sondeo más profundo, de todo lo que ello involucra.

Tenemos el privilegio de ser engendrados por dos seres distintos, un hombre y una mujer. Previamente se conocen y se enamoran; en algunas culturas simplemente se llegan a acuerdos por decisiones patriarcales, en fin, se unen libre o bajo vínculo matrimonial. Cuando se encuentran estos dos seres que, aunque con la misma esencia difieren en peculiaridades, se activa la magia divina. De esta unión nacerá una criatura hermosa, única, vestida de piel; contendrá rasgos directos de sus padres, algunos de los abuelos o de otros descendientes.

Hemos sido recibidos con algarabía o no; trayendo alegrías o representando una carga; en un hogar con estructura o de una madre soltera y sin solvencia; producto de un deseo puro y programado o de manera accidental; en una etnia aborigen o en una población más desarrollada. Luego se nos entregará un legado cultural e idiomático, esto acompañado de un entorno preparado para ir dando las primeras muestras de crecimiento y adaptabilidad; hasta este punto todos y cada uno de los seres humanos pasamos por la misma etapa.

Somos seres originados de una esencia sagrada, extra corporal, donde se imprimieron unas características físicas singulares de legado generacional, dando como resultado a cada uno de nosotros y esto no ocurre sin la intervención del creador de lo posible. Fue a ti, quien fundamentado en el amor te eligió como afortunado y merecedor de la oportunidad de vivir. Imagina que de todos los espermas producidos por un hombre se hicieran vida, este planeta estaría en situación de hacinamiento. Detrás y ocultos de este privilegio quedaron los más débiles, quienes por predestinación no lo lograron, fallaron en el intento o simplemente murieron. Pero fuiste tú, victorioso de la contienda quien de entre muchos pudo engendrar al óvulo materno; resultaste el vencedor, grandioso, majestuoso y ganador. Desde ese momento eres extraordinario.

Después del alumbramiento viene la primera intervención, la trampa inicial a la que sin distingo en todas las sociedades; se asigna lo primero y eterno, te dan un nombre. Es aquí el meollo, te transmiten una creencia y enseñan unas costumbres sociales y formatean el cerebro a medida que tu entendimiento avanza. Absolutamente esto lo que ha transcurrido ocurrió sin consentimiento tuyo, no consultaron porque es obvio, no tenías capacidad ni poder de decisión.

Te encajan entre los que vivirán condicionados por siempre, atados y atrapados por religiones dominantes, que delegan la oportunidad de cambio para cuando cumplas la mayoría de edad y puedas elegir. Previo a ello antes de los dieciocho años, me refiero a la escuela y secundaria; te hablan de líderes políticos, te influyen en temas que importan a la sociedad sin que necesariamente te interesen.

Debes cumplir con buenas notas en todo porque caso contrario te etiquetan de incapaz y reprobarás. Quizás hay una materia que está lejos de tu comprensión o no genera ningún entusiasmo y necesitas aprobarla a como dé lugar, para que no te llamen tarado; superada, si hay posibilidad irás a la universidad. El sistema te prepara en un campo determinado para que sirvas como parte de un rompecabezas, bien en sector público o privado; enseñes, construyas edificios o monumentos, te apliques en un deporte de talla Olímpica; en general cualquier actividad que preste un servicio o brinde una satisfacción.

Resulta que del sistema tú puedes liberarte, la llave para lograr esto es el "amor". Cuando al trascurrir el tiempo percibes que lo hecho no te llena, ni da la realización que querías; sientes frustración. Te ilustro: tienes una gran ventaja si te categorizaron como bachiller, profesional, magister o doctor, de todo ese catálogo social te puedes desprender y en realidad encarnar nuevamente en el niño entusiasta que eras, cuya mente albergaba los más atrevidos sueños a los cuales la sociedad denomina inalcanzables y a los soñadores locos. La diferencia radica en el atrevimiento y resolución por romper todos los formatos recibidos de tus padres, luego maestros y más tarde de los dotados catedráticos.

Acaso el ilustre con dos o tres títulos que se para en el aula de una universidad frente a un grupo de estudiantes, ¿es una persona feliz?, ¿es un ser humano honesto e íntegro en su relación familiar?, ¿maneja una realidad financiera loable?, ¿es ejemplo en todos los aspectos de su existencia?, ¿tributa dinero o tiempo al servicio de los menos favorecidos?, pues no lo sabemos, es exitoso en el campo académico y es la razón por la que está de pie allí, porque siguió las reglas que el marco social le demarcó como correctas, pero ese catedrático en los demás campos y no menos importantes, ¿es un individuo digno de imitar?

He conocido a través de documentales y programas extraídos de la realidad; en este caso, me refiero a un abogado penalista quien es asesinado en manos de un sicario contratado por sus suegros, a consecuencia de desacuerdos por la disputa en la custodia de sus nietos. Luego de un divorcio viciado por el ego del marido quien, por conocer más del tema pretendió burlar los derechos de su cónyuge sobre los hijos; siendo los padres de su ex esposa más adinerados y con otros egos decidiendo el final para la vida del académico.

En resumen, ¿de qué sirve el conocimiento o el dinero si en vez de ponerse al servicio de la paz y la concordia, se abusa del poder que brindan estos para someter y dañar al más débil?, ¡no vale de nada!; ¿saben por qué?, ¡porque les hace falta "amor"! Lo aprendido y adquirido les ciega, los hace personas controladoras que actúan sin ponerse jamás en el lugar del otro; no construyen empatía, olvidan la esencia que traemos desde aquel día en que se escribió la fecha de nuestro nacimiento y se nos entregó el mejor regalo. Se nos permitió ¡el presente!, y en cualquier circunstancia, bajo creencias opresoras o liberadoras debemos concientizar que el otro es mi complemento y yo soy el suyo.

Algo que me ha sucedido en varias ocasiones cuando he quedado desarmado de herramientas o sin energía para afrontar alguna arbitrariedad por parte de una autoridad; acudo a ello, a la esencia, es allí donde dejo a mi socio ¡Dios!, que actúe. Solamente les digo, en este campo usted puede optar por apegarse a la ley o ir más allá pasando por encima de la moral y lo humano, pero recuerde que todo el daño que me proporcione se le devolverá y si tienes hijos tenga mucho más cuidado con los excesos que cometa; porque las consecuencias pueden pagarlas ellos ante la justicia divina.

A continuación, contaré otra historia reveladora. Recuerdo un médico, a quien visité junto a mi esposa y mi único hijo quien contaba para el momento con seis años de edad. La consulta médica era con un especialista de reproducción humana, titulado en España en fertilidad. Llegamos a este punto porque deseábamos un segundo hijo y no lo habíamos conseguido aún, para entonces decidimos acudir con aquel galeno. Analizando deducimos que después del creador era la persona que nos podía ayudar.

En consulta, yo con cuarenta y cinco años, mi esposa treinta y ocho años de edad; éramos candidatos óptimos según sus primeras impresiones. Le realizó un ecosonograma, revisó el útero y ovarios y todo lo encontró en orden. A continuación, vamos al conteo espermático esto por si el del problema era yo, —diríjase al baño, me dijo; una revista en mano con un recipiente para muestra de orina, que obvio usaría para colocar solo un poco de esperma. Vertí el producto de una eyaculación lograda bajo estas condiciones y método, seguidamente, —su esposa está en los días exactos para lograr un embarazo y si el conteo de semen es bueno, aprovechamos y lo colocaremos allí, vengan mañana, nos dijo. —Tómese usted esta pastilla, es para estimular la ovulación y el día siguiente veremos, dijo a mi esposa. Marchamos con la idea esperanzadora en mente, de que a la brevedad sería posible conseguir el resultado deseado.

Luego de esas veinticuatro horas tan esperadas llegó el momento, entramos a consulta y ¡bingo!; —amigo Javier, usted tiene el conteo espermático de un muchacho de veinte años, me dijo. Así que manos a la obra, luego de acordar un precio razonable por aquel procedimiento hizo la fecundación in vitro. Se procedió a colocarla en posición acostada boca arriba, pero con una leve inclinación como de quince grados y su extremidad inferior en alto; esto imagino que para ayudar al encuentro del esperma con el óvulo y así facilitar la concepción. Pasados diez minutos, —vaya a casa y espere noticias de treinta a cuarenta y cinco días de ausencia de su periodo menstrual, le indicó. Pasado el mes y medio el procedimiento arrojó resultados negativos, no sentimos enojo ni decepción.

Poseemos una estructura espiritual muy sólida, no somos asiduos a iglesia alguna, especialmente yo tengo un contacto directo con lo espiritual, no necesito intermediario; mantengo una conexión permanente con esa presencia. El hecho de ver la obra de un ser Todopoderoso en cada ser humano dotado de albedrío, esto significa para mí vivir, entender y experimentar lo divino de donde todos emergemos.

—Mami, no es el momento; solo Dios lo sabe y es su voluntad, dije a mi cónyuge. Hicimos lo que corresponde, llamamos al médico, contamos lo sucedido; este en consulta dio de tratamiento una toma de un medicamento con frecuencia diaria a mi esposa. Recomendó que lo intentáramos por dos meses y si no se lograba efecto lo visitáramos de nuevo.

Pasado el lapso y tras el reciente periodo menstrual, pedimos la cita; para ese momento ignorábamos acerca de la sorpresa que nos aguardaba en la próxima visita médica. Así fue, argumentó el especialista en fertilidad, nos dijo, —no desanimen, solo queda un tratamiento que puede ayudarles y la posibilidad de éxito es elevada, ¡pero es bastante costoso!

Se activaron las alarmas, pensé un poco, ¿será por ello que muy pocas parejas acuden a estos procedimientos? —Por favor doctor vamos al grano, ¿de cuánto estamos hablando?, pregunté. Él respondió, —eso les puede costar que tengan que vender el carro o quizás su casa para pagar el tratamiento. Atónito, aterrado ¡Santo Dios!, que ha dicho, me preguntaba yo sin pronunciar palabra. Agradecí por la atención prestada y ya paga la consulta salimos, no sin antes decirle: — doctor, se lo dejaremos a mi Dios porque esos sacrificios son de considerar. Realmente fui contundente, de todos modos, —tome este medicamento por dos meses más, le dijo a mi esposa; quien pasmada jamás dudo en apoyar mis palabras.

Nuestra fe y determinación nunca titubearon ante la propuesta, ¿acaso íbamos a cambiar la bendición de un segundo hijo logrado a través de un tratamiento, pero tendríamos que vivir pagando alquiler porque teníamos que vender nuestra casa para cubrir el procedimiento?, no, no sucedería. Dije a mi amada, —el tiempo de Dios es perfecto, con él todo y sin él nada. Después de cinco meses recibimos la segunda mejor noticia de nuestras vidas, obvio la primera fue la venida de nuestro hijo Sebas, luego llegaría al mundo Santiago. Este milagro y bendición sellaría nuestro hogar por siempre.

Quiero retomar con un comentario que interpretaré con toda claridad. El doctor nos habló honestamente, nosotros desconocíamos los costos, el hizo un excelente trabajo, pero desfavorablemente no rindió frutos, e igualmente le quedamos inmensamente agradecidos por atender a nuestra solicitud en su consulta. Su actuar es acorde con "El servir es una norma, es obligación", entendamos por favor, acéptalo de forma permanente en tu psique.

"Si no existes para ayudar, de nada ayuda tu existencia". Es básico, derriba el ego, la personalidad y la fachada; ve y adéntrate en la esencia, lo verdaderamente trascendental, lo que perdura por la eternidad. ¡Dejarás huellas imborrables!, pregúntate, ¿a cuántas personas has afectado positivamente? ¿A quién influencias para bien? Yo empecé de uno a la vez, porque creo y quiero tener una estancia duradera en la vida. Si la riqueza está es porque viene por añadidura.

La fortuna más grande lograble por ser humano alguno es cumplir con el ciclo para el cual nacimos, a través de él podemos llegar al lugar más elevado posmuerte, "al estado ángel", este lo logran quienes viven al servicio, desprendimiento y entrega para con el prójimo. Caso opuesto, quedaremos suspendidos en dimensiones intermedias esperando oportunidad de tener vestidura de carne de nuevo, para reparar los errores cometidos en su anterior episodio ¡Llamado vida!

Es clave, lo he estudiado por décadas y hoy transmito como pilar fundamental a mis hijos; el aprendizaje debe ser diversificado, no te encamines en una sola dirección. A los once años definí la meta a mi hijo mayor, el cual debe leer diez libros por año, ya pasado julio lleva seis concluidos; tengo especial cuidado en lo que considero primordial y determinante para su futuro, no solo el éxito sino su realización.

Él lee un libro de conocimiento especializado, estos llevan consigo semillas que realzan la actitud, la empatía, el amor y respeto por el prójimo. Así voy acercándole el conocimiento, entre las ciencias económicas y el desarrollo humano.

No me canso de repetir y lo resalto, ¿cómo amas a Dios a quien no ves, si irrespetas a tu prójimo que puedes tocar? Tengo en mi posesión y son de consulta muy regular, colecciones completas de textos escritos por un pastor norteamericano; no lo puedo nombrar para cuidar su anonimato. Así como ejemplares de Psicología y Psiquiatría, en aras de expandirme en la comprensión de las conductas del comportamiento. Hay autores con experiencias maravillosas, como conocimiento Himalaya, hinduismo, judaísmo, sintoísta, musulmán y cristiano.

Estoy escribiendo sobre una enciclopedia de 35 cm de alto, por 25 cm de ancho con más de 600 páginas, cuyo nombre digo, aunque varía un poco; se titula "Creencias espirituales del universo". No pretendo ser monje, rabino ni sacerdote. Conozco todo el recorrido desde la adoración a figuras rupestres miles de años antes de Cristo, hasta los procesos de desarrollo y evangelización; usando el sistema de creencias como herramienta de sostén al área espiritual. En su mayoría sintetizan el amor por la vida, respeto al prójimo y la familia como baluarte.

Por mucho y en su totalidad el amor es el fundamento, único agarradero posible para garantizar la sobrevivencia, la prevalencia de la especie humana en este paraíso llamado Tierra. Suena a cliché, simplemente el amor es el principal instrumento del cual debemos apoderarnos una vez somos libres; peculiarmente no describo a la libertad que se experimenta fuera de una reja y tres paredes.

Me refiero al libre albedrío, con decisiones efectivas donde abordamos nuestro origen de individuos extraordinarios; porque somos modelo de la más posible perfección que los sueños puedan alcanzar. Es ir contra lo establecido, sin ser un anarquista; es conquistar nuevos paradigmas en la medida de lo posible, sin agredir a quien amamos; es lanzándonos tras oportunidades. Porque somos conscientes que contamos con la capacidad intelectual y la firmeza emocional para construir mini imperios de la nada. Simplemente démosle a un pensamiento el empuje, paciencia y perseverancia, ¡él necesita madurez!, crecimiento; igual a la manzana, no brota del árbol una vez sembrada la semilla. Hay procesos naturales, sociales y episodios de dificultad, ¡todos superables!

Como las mareas moldean la playa, las tormentas e inundaciones diezman animales y destruyen cultivos, así puede ser nuestra fuerza, como la del agua, pero para edificar, no será fácil, imposible tampoco lo es. Con esta reflexión me despido hasta el siguiente capítulo, solo tienes que abrir los ojos; no los que tienes bajo tus cejas, ¡abrir los ojos del alma!, así sea.

10

EDUCANDO HIJOS

Hola, hola, hola, ¡Cómo están!, un nuevo hoy, cinco de la mañana y nos encontramos en estas líneas. Bienvenidos de uno en uno, tengo la disposición para compartir y avanzar juntos por este largo y arduo camino; vamos ampliar en relación a la hermosa y a veces dificultosa tarea de educar a los hijos. En una breve práctica hace muchos años, cuando laboraba entre compañeros y compañeras, era en una empresa de ventas; desde que empecé a trabajar fue en un entorno de propiedad familiar, me apasioné de forma tan decidida que parecía formar parte de mi ADN, ¡vender!

Estaban clientes fluyendo por doquier dentro del establecimiento, yo atendía no solo a dos sino hasta tres o cuatro al mismo tiempo; mientras a un comprador le daba tres calzados distintos para que se midiera, a otro le dejaba en el probador para que decidiera entre dos pantalones y a un tercero fuera del vestidor le enseñaba un modelo de suéter. Así sucesivamente, mi padre y primer mentor me presionaba al límite, me trataba como a un empleado más salvo por dos diferencias elementales: la primera, mientras yo estaba pendiente de tres personas a la vez los otros vendedores estaban desocupados, esto porque mi papá sabía que la posibilidad de que yo fracasara era casi nula y; la segunda, a mí no me pagaban ningún salario.

Puedo revivir en el pasado el momento en que acordé con mi padre, que acumularía mi pago y me lo entregaría a fin de año, pero eso nunca sucedió; de una buena vez entendí que de ahí en adelante yo era autosuficiente y costeaba todos mis gastos de manera indirecta.

Desde muy chico comprendí que se puede alcanzar los objetivos que uno se plantea siempre y cuando se esté dispuesto a pagar el precio que ello te exige, ni siquiera fui al acto de grado, mucho menos pude para ese entonces ir a la universidad.

Hay un episodio paradójico en la historia de mi vida que resulta imborrable. Trabajábamos en una población de Colombia, a cincuenta minutos de la ciudad donde estaban los centros de educación superior. Acordamos con nuestro padre, mi hermano y yo matricularnos en la universidad y cursar la carrera de derecho en la jornada nocturna, ¡repito, de noche!

Elegimos esa opción, pues concluíamos de trabajar a las cinco de la tarde, mi padre se encargaría de cerrar los negocios y nosotros tras una hora de viaje estaríamos a las seis de la tarde en clase. Terminada la jornada académica a las diez de la noche, pernoctamos en casa de mi abuela en la misma ciudad. Al amanecer saldríamos a carretera a las seis de la mañana para dirigirnos a nuestro trabajo e iniciar a las siete en punto.

Eso era lo planeado, marchó bien por tres días hasta que nos asignaron el horario único. Contenía adicional-mente a la jornada de noche, dos días en los que había que tomar clases de siete a ocho de la mañana. ¡Bendito Dios! ¿Si es nocturno, por qué tiene que incluir clases matutinas?, dilema que tuve que enfrentar con mi hermano, yo siendo el menor de los dos tomé y me afinqué en mi posición. —No hay solución, debemos abandonar, dije, esto daña los planes y dejaría a nuestro papá con una carga demasiado pesada; —primero está el trabajo, luego habrá tiempo para lo complementario, concluí. Entre discusiones y molestias, así fue mi primera deserción. Decidí ser leal a mi padre.

Siento gran empatía y gratitud por la obra que dejó mi progenitor, al partir quedó un enorme vacío en nosotros, aparte de que soy su copia física; mientras crecía todos me decían lo mismo, ¡eres igualito a él!, lo menos que podía hacer era enorgullecerme.

Quiero traer un evento que fue trascendental en mi crianza. En una jornada de cualquier día mi padre me amenazó con despedirme, yo apelé a mi progenitora ya que todos estábamos involucrados en el mismo entorno; le dije: —madre, mi papá se molestó porque le pedí que por favor les diera clientes a los demás vendedores, me respondió que colaborara porque si no tendría la misma suerte de Víctor (un muchacho que había retirado hace poco tiempo) ¿Qué pasó mamá, a mí ni me pagan y me quieren echar?.

Un tema a resaltar y en el cual hay que prestar gran atención es el siguiente: muchos emprendimientos fallan porque se confunde o mezclan la relación laboral con la pasional, esto es craso error. Los empleados son como mis hijos, aun cuando me sumen más años siempre busco sembrar valores, hábitos creadores y multiplicadores. Es la columna vertebral del mercadeo: ¡relaciónate con tus colaboradores de la mejor manera!, ofréceles oportunidades de crecimiento y desarrollo; ya que su mejora se verá reflejada en el trato excelente que ellos brindan a los clientes, compradores o usuarios; estos son en últimas los que colocan comida en la mesa de todos, trabajadores y directivos.

Fui tan radical que Jenny quien es mi esposa, trabajaba en una panadería diagonal a mi primer negocio y por muy amigos que éramos jamás se me pasó por la mente ofrecerle empleo. Como resultado obtuvo un puesto en una escuela estatal, ya que es titulada en Educación Especial y yo por mi lado continué emprendiendo negocios.

La disciplina en un entorno empresarial debe ser aceptada y adoptada como un reloj suizo, aunque di oportunidades a varios amigos, no se quedaron mucho tiempo porque en un entorno diseñado para el éxito no valen las influencias sino la competitividad. Si eres bueno te quedas y por el tiempo que quieras, pero si no lo eres te lo haré saber, ¡mejoras o la oportunidad concluye!, así fue y es.

Un emprendimiento es como un hijo, se cuida, se atiende con dedicación; le das amor, entregas todo tu tiempo y mientras va creciendo, lo supervisas y pondrás en buenas manos. Posteriormente ese negocio con la madurez de los años, generará confianza y al estar consolidado él te apoyará y garantizará el futuro. Para cuando tu energía física haya menguado tendrás delegados competentes en cada área, todos colocando el mayor esfuerzo y haciendo su mejor trabajo.

Sin importar más que su decisión y voluntad, están ahí acompañándote, gustosos de servirte; ellos no laboran para un perezoso holgazán, lo hacen para un líder ejemplar. Tu entorno familiar es digno de ser copiado y te has convertido con el transcurrir de los años en una figura paterna, que da estabilidad económica pero también alienta, apoya en las dificultades y defiende ante arbitrariedades.

Estos son y por siempre serán, ¡mis primeros hijos!; están por muchos lugares esparcidos, por ello nos comunicamos poco. A Jenny le hacen saber lo mucho que me extrañan y por decisión individual volaron. Así como los hijos de sangre, mis hijos laborales igualmente deciden su destino. Algunos quieren que emprenda una actividad económica cerca de donde están para correr y encaminarse conmigo, porque les he enseñado lealtad y este tema trasciende el tiempo y la distancia.

Muchos disentirán de mí pensar, aunque algunos pocos se sentirán identificados. ¿Quieres una empresa próspera?, dedícale tiempo a tus colaboradores, trátalos con amabilidad, no alces la voz; se puntual y cumple tus promesas, salvo que la realidad te impida, con seguridad ellos lo entenderán porque son el recurso más preciado y están ahí por ti.

Son un grupo de extraordinarios seres cuyo carácter ayudas a forjar aunado al tuyo. Procuras asegurar su bienestar y mejorar sus posibilidades, contrario a los hábitos insanos, a las malas acciones y decisiones erróneas. Porque eres la persona con mayor compromiso y que más ejemplo tiene para dar, trabajas realmente para tus empleados, te esfuerzas para que ellos a su vez cada uno haciendo lo suyo prosperen mancomunadamente esa idea, ese sueño que posteriormente se llamará empresa. Todo dentro de una relación horizontal que desarrollas con tu equipo, donde no hay barreras, ni egos, ni emociones divisorias.

Esto que cuento a continuación es tomado de la realidad. Un proveedor en Lima a quien le compraba prendas de vestir al por mayor, que en cantidad llenaba medio contenedor de doce pies me decía: —toma cien mil dólares en mercancía y luego me la pagas; le respondí, —tranquilo, si llegara a necesitar lo haré, pero por ahora llevaré lo estimado que puedo rotar en un mes.

El señor, socio propietario de esta compañía me comentó en otra ocasión. Estaba molesto porque un trabajador no le cumplió, no recuerdo si faltó a una jornada laboral o tuvo una discrepancia con él, pero seguido esto el empresario estaba furioso e hizo un comentario que yo jamás pronunciaría en ningún estado o etapa de mi existencia, dijo: —¡ese muchacho vale menos que los botones de mi camisa!

No lo puedo creer, es algo inaudito. No respondí, guardaba en silencio, me detuve a escuchar lo que tenía que decir aquel multimillonario; no tenía talla económica para debatir así que dejé desahogar sus palabras de ira conmigo. Hice oído a su catarsis por un momento, —hay que acrecentar la paciencia, dije solo eso, para ser imparcial. Pero desde luego chocaba con mis códigos al respecto del trato a los colaboradores.

Si él hizo una mala elección al incorporar a un individuo, tomó su ayuda sin completar los procesos de selección y discernimiento; ¡oye!, cuando se contrata alguien para que cumpla una tarea específica, no solo es su capacidad física e intelectual con la que cuentas. Debes de enterarte como marchó en las anteriores relaciones laborales, que bien funciona su interacción familiar y social, cuáles son sus pasatiempos y sitios que frecuenta.

Hay tres preguntas que incluyo en toda entrevista de trabajo: la primera, ¿cuenta con parientes o amigos abogados?; segunda, ¿tiene allegados en la cárcel y por qué motivo están allí?; como tercera y última, especialmente en el caso de las damas, ¿lleva completo y total control sobre su vida reproductiva?

En fin, ese trabajador es un ser humano con necesidades y sueños como él, la diferencia es que su suerte o disciplina no ha sido la misma. Pero porque haya un centavo extra en su bolsillo no significa que vale más, esa actitud desdice, descalifica a ese empresario como merecedor de grandes logros y hazañas. Sencillamente porque los más aptos e inteligentes no querrán estar a su lado.

Creo que está claro, seguidamente voy a citar un momento que presencié y en ese caso alcé mi voz. Un administrador de tienda mayorista gritaba y denominaba de mala manera a un trabajador (este chico era de una etnia indígena y por su honestidad era contratado). Bueno, le dije —amigo en mi presencia no grite al muchacho, no vale más que usted, pero tampoco vale menos; por favor si no paras de inmediato tú agresión, ¡desisto de comprar aquí he iré a hacerlo en otro lugar!. Como era cliente regular y adquiría buenas cantidades, este gerente de turno cesó en su afán y estupidez.

Emprender no es fácil, tampoco imposible. ¿Son aptitudes natas, se transmiten generacionalmente?, a veces. Hay una gran mayoría de personas que solo se conforman con la seguridad ofrecida por un puesto de trabajo, los invito, les exhorto a llegar al peldaño más alto de la cadena de mando; porque tienes todo lo necesario, aprovéchalo.

Paso a contar dos breves relatos de casos donde me vi obligado a llamarle la atención a dueños de comercios, sin dar detalles de su origen, sí era anglosajón, asiático, árabe o latino.

El primero sucedió en el Caribe en uno de mis viajes de negocios, acudí a un mini abasto y el cajero propietario, anunció cuanto le debía. Si mal no recuerdo me dijo: —son dos dólares, pero lo hizo en voz muy alta; de inmediato le repliqué, dije: ¡hágame el favor amigo, me da el precio en un tono moderado, porqué yo no vengo aquí para que usted me grite! Se lo hice saber en un acento semejante o más alto al usado por mi interlocutor. Muy atento, esta vez procedió a responderme con su voz clara y en tono amable; igualmente le contesté, dije: —cóbrese amigo y muchas gracias, del mismo modo.

¿Dónde escribieron, que porque seas dueño de una tienda puedes gritar o maltratar a tus clientes?, si es el caso, aquí no será, estás como pez fuera del agua y tratar con público no es lo tuyo.

El segundo caso aconteció en Caracas en un centro mayorista. Era un joven con aires de mandamás; le pregunté: —hágame el favor, ¿cuánto cuesta la docena de aquel pantalón? (uno de tantos que había en exhibición); me respondió con voz a regañadientes y alta, —¡vale tanto! (aquí la relevancia no radica en el precio). De inmediato le repliqué, —¡mire amigo, yo estoy preguntando un precio para saber si me sirve, si es así lo compro, caso contrario no lo adquiero; yo no vengo a que tú me fíes ni me regales esa mercancía, así que lo próximo que consulte me respondes en voz baja y con respeto; ¿estamos claros?!. Obvio, mis palabras estaban aireadas, proseguí a preguntar por otro producto y me aseguré que la persona en cuestión había entendido bien mí mensaje y esta vez, sí respondió con decencia y apego. De igual manera, fue la primera y última vez que entré al establecimiento.

Mis extraordinarios lectores, el que posee el dinero tiene el poder de decisión donde lo deja o donde no, por ende, es la persona más importante en toda la ecuación. Llámese fabricación, servicios o ventas, todos desde el ejecutivo más adinerado hasta el vigilante que abre la puerta, debemos estar unidos y comprometidos con el cuido, resguardo y permanencia de ese último llamado cliente, comprador, usuario, espectador o paciente, para contar con su fidelidad por tiempo indefinido. Esta es la relación más importante y génesis de todo éxito.

Desde mi corta juventud había tenido muchos altos y bajos, aprendí a través del conocimiento empírico. Entre mis planes estaba, no traer hijos al mundo, hasta no contar con estabilidad económica". Es una forma de pensar peculiar que encuentra oposición, en ocasiones cuando la sociedad te critica y etiqueta, en particular si hay muy pocos pensando en trabajar, ahorrar, sacrificar e invertir. En muchas oportunidades fui objeto de burlas que no hacían eco en mí por supuesto, la vida reproductiva la tenía fijada para un momento determinado y en ciertas condiciones.

Procedo a contarlo. En el año 2007 enfermé de neumonía, para entonces era propietario de varios negocios y vehículos, los primeros me consumían demasiado. En seguida del diagnóstico fui hospitalizado 5 días, permanecí el primero y segundo día con fiebre a 40 grados; al ingresar llevé 3 libros conmigo para invertir el tiempo y para cuando superé este trance, empecé mi período de filósofo. Tenía 37 años y era financieramente estable, no quería morir sin haber completado el ciclo y decididamente propuse construir una familia a quien es hoy mi esposa.

En el campo material hubo un gran momento y lo cuento con entusiasmo, porque la mayoría de ustedes así lo reconocerán. Fue cuando me entregaron las llaves de nuestro propio inmueble; es un apartamento de ochenta y siete metros cuadrados y le dije a Jenny: —¡ahora sí, tenemos la segunda estructura! —La primera era varios negocios que cubrían las necesidades económicas y bien, ¡estamos preparados!; nuestro primer hijo se va a concebir aquí y así fue.

Hablemos ahora de los hijos de sangre, todos lloran de chicos y manipulan para lograr algo. Aprender por repetición e imitación es el método de enseñanza más primitivo y vigente que existe; este consiste en capturar en la memoria, lo que entra a través de nuestros ojos.

Mis extraordinarios lo he comentado en varias ocasiones; tengo dos retoños, ellos han dado las mayores alegrías a mi vida. Estos son momentos en que las lágrimas se encuentran en la sonrisa, no hay parangón de carácter emocional capaz de igualar al nacimiento de los hijos. A mis treinta y nueve años vino Sebastián Javier, después a los cuarenta y siete llega Santiago Javier, ya completa la familia nos dedicaríamos con atención y carácter a educarlos.

El mayor a los once empezó su periodo de iniciación intelectual y laboral, en este año se leyó doce libros superando la meta propuesta; me acompaña a hacer negocios y lo educo en todo lo concerniente al dinero, especialmente lo más importante a retenerlo y reproducirlo.

Pasado un tiempo Sebastián había juntado un dinerillo producto de varias mesadas ahorradas, nos fuimos con el efectivo en sus manos y le dije, —hoy tendrás la primera y más importante experiencia financiera. Llegamos a un centro comercial de lujo, con todas las tentaciones en juguetes, videojuegos, tecnologías y pare de contar. Dije: —hijo, ese dinero en tu bolsillo te pertenece; tienes dos opciones, la primera que tu mente controle las emociones e impulsos, no ceder ante tentación alguna y sigas guardándolo para pronto invertir esos recursos y multiplicarlos; o como segunda, que la ansiedad te invada y gastes tu dinero en algo que momentáneamente te atraiga y de esa manera pierdas lo acumulado, para luego tener que empezar de cero.

Lo acerqué a vidrieras de las tiendas más tentadoras, especialmente de celulares, consolas y deportes; en cada una entramos, en algunas preguntó precios y al final el experimento ¡funcionó! Decidió con sus palabras: —no papi, habrá tiempo en que tenga dinero extra y no me duela darme algunos gustos porque los mereceré, simplemente postergaré la atención a mis deseos para cuando el dinero trabaje para mí.

Así es, una pequeña porción del inventario de uno de mis negocios le pertenece a Sebastián, producto de la suma de sus ahorros ahora se están reproduciendo. Sin embargo, él no deja de ayudarme a limpiar la grama, colaborar con mamá en los quehaceres del hogar; porque mientras más coopera más abultada será su mesada.

Definitivamente estoy convencido que la educación financiera a mis hijos no la voy a delegar a la escuela primaria ni secundaria, después de cumplir los diez años lo involucré y llevaba de acompañante, para brindarle lecciones de mercadeo y negocios que se presentan muy a menudo.

En determinada ocasión experimentó un evento muy provechoso. Preguntábamos por un TV en varias tiendas de electrodomésticos, para renovar el de casa porque ya no funcionaba. Lo que a continuación les narro sucedió en un comercio de equipos electrónicos, ya dentro le dije, —mira Sebas, ve y consulta al vendedor el precio de determinado aparato (le señalé uno en particular); mi hijo respondió: —papi hazlo tú, es que me da pena.

Gran lección, cuando salimos en privado y mientras conducía hacia la próxima visita, conversamos y le dije: —hijo, la única excusa para sentir pena frente a un dependiente es que tú vayas a robar, nosotros no tenemos esos valores. Entre llanto de su parte y el reto por la mía, dije: —vamos a empezar por derrumbar esa timidez, tienes un mes para lograrlo.

Mi herramienta, indiferente si atiende un vendedor o vendedora, si la tienda donde estés es de productos caros o baratijas. Siempre hay tres normas al preguntar algo y son: la primera saludar con cortesía, buenos días, buenas tardes o buenas noches; la segunda frase es anteponer un por favor, ejemplo: por favor cuánto vale esto, por favor que precio tiene o por favor dígame el costo de este producto; la tercera y última, ya obtenida la respuesta por parte del interlocutor agregar: muchas gracias, es usted muy amable o Dios le pague.

Le dije: —hijo, ese es el secreto, lo puso en práctica y ahora nadie lo detiene. Al principio fue difícil, ahora tengo que frenarlo porque todo lo quiere preguntar, antes de adquirir algo consulta mucho; pronto profundizaré en la negociación y el regateo.

Naturalmente me asiste la responsabilidad sobre mis hijos, aunque el mayor tiene once años le hablo con total claridad, cuando de forjar su carácter y honra se trata. A veces una medida, una sanción o una suspensión de privilegios son suficientes; no le llamo castigo, el término resulta impopular y el mío responde como los demás chicos, con berrinches o rebeldía.

Tengo la respuesta concreta, porque la primera educación se da en casa, la escuela y el colegio resueltamente la complementa. A él le digo: —mira hijo, aunque te molestes, todo lo que hago es por tu bien; hay dos sitios en los que no quisiera visitarte nunca: el primero, a la cárcel y; el segundo, al cementerio.

Básico, entendible, hoy es mi trabajo ser su guía y orientador; todo para que tenga en el futuro las mejores oportunidades y mayores posibilidades de ser un hombre de bien, una persona íntegra, que de soluciones para la sociedad y no problemas. Mi hijo se aflige un poco pues mi método es un tanto severo, pero rato después hacemos las paces; no hay rencor ni resquemor, no pasan más de unas pocas horas para reconciliarnos. Todo esto ¡forma parte de un legado!; porque será marco de referencia para cuando mi hijo de adulto, esté educando a los suyos. Este capítulo llegó a su fin.

11

ACTÚA EN EL LEGADO

Siento chispas de nostalgia porque inicia la última etapa de esta mi primera creación editorial. He compartido y dirijo toda mi atención con el deseo ferviente de impulsarlos, de causarles ese sacudón hacia el cambio y evolución, al posicionar nuevos y ambiciosos objetivos en tu mente.

Mucha vida apreciamos por delante, tanto camino sin recorrer, lo que está al frente es lo que cuenta; todos tenemos necesidades por atender, experiencias que vivir y dificultades a superar. No se trata de ganar dañando a los demás, tampoco lo es pasar por encima de los derechos del otro. Cuando me refiero a la palabra vencer es porque reto a los obstáculos, los derribo, pero nunca someto ni derroto a un oponente o competidor.

Hay términos que generalmente no están en mi vocabulario, uno de ellos es "enemigo". Presto gran atención a no dejar cabos sueltos en las relaciones interpersonales, lo he aprendido una parte de la teoría y otra a través de la experiencia. Cuando agredo u ofendo por fatiga o descolocación empujado por la realidad, generalmente no tardo; no me refiero a días sino horas, para enfriar mi mente, reflexionar y buscar mi complemento; debo hallarlo y apaciguar la situación, indiferente de su posición económica, social o cultural.

Nada te hace más especial que reconocer tus fallas y enmendarlas de inmediato. Es fácil, mira a la otra persona a los ojos, da una excusa o pide disculpas; si se te dificulta ve a la creatividad y con acercar tus palabras a "lo siento", con eso bastará. Siempre resulta provechoso renovar los lazos de amistad con tu vecino, un excompañero o familiar.

Usualmente lo digo y reafirmo de modo consiente, mi rostro se fija de frente, nunca camino con cabeza gacha. En una mirada trasmito amabilidad, mis labios están ahí para regalar sonrisas junto a un "hola", no solo a quien conozca, sino más allá es a alguien que me pueda circundar.

Tomo unos segundos y cambio de bolígrafo, ésta es la segunda mina que se vacía en el documento, aquí voy. El siguiente relato muy real como generalmente lo son todos, me aconteció en una época de alta motivación en la vida. Voy al contexto, tenía éxito en todo cuanto me proponía, el ámbito laboral era armónico; la relación con mis parientes estable; todo marchaba bien mientras atendía a las exigencias cotidianas. Frecuentemente la aplicación de procedimientos lógicos, arrojaba resultados la mayoría de las veces positivos. Menciono como un logro auténtico, donde en su conjunto todos los elementos y partes involucradas, se enlazan y alcanzan un beneficio común.

Como dicen algunos anuncios publicitarios: "Lo presentado a continuación no lo intenten en casa". Un domingo visitaba una iglesia, lo hago rara vez; suelo observar lo colocado en la psique del individuo y descifrar hasta qué punto hace bien. Sentado en una de las bancas del templo, pedí en silencio y con los ojos cerrados: ¡Dios mío, dame dificultades que puedan poner a prueba mis capacidades en la resolución de conflictos y de las cuales salga fortalecido! Amén.

Bendito día. De esa semana no se borran de mi mente, cuatro eventos puntuales que sucedieron y me colocaron al límite. Primero: mi principal negocio es una tienda de venta de prendas de vestir al menudeo, a ella la intervinieron unos ladrones en una noche y vaciaron más de la mitad del inventario, el cual no estaba asegurado por robo o hurto. Segundo: Santiago mi hijo menor de menos de un año para ese entonces, enfermó de una bacteria que amenazaba su vida y no había el medicamento indicado por su pediatra en la región. Tercero: me dirigía en mi carro a cargar combustible cuando entrando a una arteria vial y antes de subir la velocidad, el caucho delantero derecho se desprendió; casualmente había hecho revisión preventiva la semana anterior del tren delantero del vehículo. Como cuarta: tenía un acuerdo en ciernes que venía consolidando desde hace dos meses, ya había entregado el documento a mi abogado para formalizar una compraventa, cuando de la nada y sin previo aviso la contraparte se arrepintió, yéndose a la borda aquella oportunidad.

La respuesta a la primera fue pedir líneas de crédito para surtir el local de inmediato, solicitud que mis proveedores y fabricantes no dudaron en apoyar. La medicina que necesitaba mi hijo, según mi plan era llevarlo a un país vecino para brindarle la atención de manera inmediata, mientras mi esposa comenzó a buscar y consultar con su red de amistades; adivinen, ¿dónde y quién tenía la medicación?, mi vecino del apartamento de al lado; Leonardo es su nombre, porque no lo olvidaré mientras viva; mi hijo comenzó el tratamiento y mejoró de inmediato. La tercera, llame al mecánico y me confirmó que un perno se había aflojado y generó la falla de manera muy dudosa e incomprensible, porque él la había ajustado correctamente. Y para la última no me quedaba más respuesta que aceptar, porque algunas transacciones no se finiquitan; es como ignorar que al final de una longeva vida aguarda la muerte.

Llegado el próximo domingo salí corriendo a esa misma iglesia. Es la segunda y última vez que la visité; tomé la misma actitud y cual niño regañado dije: —disculpas Dios mío, no vuelvo a repetir tan craso error; perdona mi exceso de confianza y, ¡reconozco que sin ti no soy nada!

Tengo dos peculiaridades que decir de aquel templo antes de pasar al siguiente relato. El líder espiritual dijo desde el púlpito, —¡si alguna mujer ha cometido adulterio, si ha sido infiel a su marido levántese ahora!; observé aterrado cuando varias de ellas en diferentes sectores del lugar se pusieron de pie, aún lo más extraño fue que las féminas tenían sentado al lado a una figura masculina; y lo peor de todo, sucede que el enclave de esta feligresía era en un barrio donde habitualmente todas las personas se conocen. Lo otro asombroso, que en lugar de recaudar diezmo o dinero con una mochila; le indican a la gente, ¡por favor transfieran a una cuenta bancaria!, cuyos datos se encontraban en la puerta de entrada.

De toda interacción humana, la respuesta consciente dejará rastro, único como son las huellas de las plantas de los pies cuando pisan la arena de la playa, lo borrable o imborrable de tu paso por el plano físico, va determinado por la afectación e impacto positivo que hayas generado en los demás.

No describiré nombres, ni historias de artistas y científicos; para ello hay otros contenidos, yo me limito a merecer tu atención. Desde la forma de caminar y los rasgos genéticos, ellos son el legado biológico más visible, hasta la forma amable de saludar y besar la mejilla de una dama, todo tiene trascendencia.

Continuando doy un ejemplo, de cual diferente puede ser la respuesta o reacción rápida a un estímulo no controlado. Como cuando un vehículo se detiene frente a ti y rompe el silencio con el sonido de una corneta estridente. Tienes varias percepciones a elegir: el tránsito está afectando a ese individuo, te irritas y le sales con una palabrota; o disciernes de inmediato y tu subconsciente toma el timón, te dices en silencio: —¡pobre hombre!, de seguro tiene problemas estomacales y le urge llegar a casa; o por un segundo piensas y te murmuras: —ese individuo no ha tenido un buen día y le falta dominio sobre sus actos, o quizás no madrugó lo suficiente y espera que como acto milagroso oprimir el botón del pito, hará que todos se aparten y pueda llegar puntual a su trabajo.

Tan sencillo y claro, a esto lo denomino legado emocional, como lo hagas lo imitarán los tuyos; si controlas tus impulsos llevas el 50% de posibilidades a tu favor, el otro 50% es mantenerlo bajo máxima presión.

Les describo el siguiente caso. Cuando discuto con mi esposa, aclaro no soy extraterrestre y si la comunicación se sube en decibeles, yo callo; aún con la razón o sin ella por parte de mi interlocutora, hago silencio. No me permito llegar a los gritos, nunca nos desgarramos con palabras ni obscenidades, jamás llegamos a la violencia física; no es fácil, porque quiere una respuesta en un momento de acaloramiento y no la hay, simplemente no existe. Cuando estemos sosegados, me refiero al momento en que tengamos nuestro ánimo equilibrado, para entonces sí habrá contestación y soluciones.

Porque, ¿quién me dice que dos personas enfurecidas a causa de una diferencia, se van a enfrentar y tomarán decisiones inteligentes?, resulta improbable. Lo más posible es que se desgreñen o uno de los miembros de la pareja saque una maleta, peor aún, use un arma para desgracia de su vida y la del otro.

Sé lo que es tener un arma de fuego legítima con documentos a mi nombre, dicen que para autodefensa no, no, no, para lo menos que la usan es para proteger, sin duda es la peor decisión que se puede tomar como padres. Estas se hicieron para equilibrar a los hombres en fuerza; un varón pequeño y débil puede agredir a uno alto y corpulento, porque el arma le da ese poder.

Si indagamos el tema emocional hay muchos documentales y series que están disponibles, abundan ejemplos de cómo las armas, drogas y alcohol dan entrada al hospital, cárcel o cementerio. Si no se controla un simple impulso, ¿cómo se va a pretender a través de un arma igualar la grandeza de un todopoderoso?; quien es el único, con potestad para dar y retirar la vida.

Un día del pasado, en que por tercera ocasión me robaban el contenido de un comercio; el actor material era un joven con adicciones quien desde niño se pasaba en la calle, Magia Negra le apodaban. Cuando lo encontré luego que una noche rompiera los candados y vaciara mi tienda, inmediatamente lo confronté y pregunté: —¿qué hiciste con la mercancía?; este me respondió, —la cambié por droga, ¡si quieres me matas!; dije: —apártate, busca un mejor camino. Lamentablemente el muchacho no encontró el sendero correcto y al año noticias llegaron, lo habían asesinado participando de un robo. Mis buenos lectores, si no usas la prevención y te expones, puedes convertirte en objetivo para los delincuentes, no agrego temores, con ello solo busco orientar.

¿Dónde está escrita la última palabra, en que se afirma que lo único que se puede legar son bienes materiales o recursos económicos?, desde la viejita que padece cáncer y está a semanas de fallecer; todo cambia si muestra valor, firmeza y amor. Esos instantes crean recuerdos inspiradores, porque nada en el mundo eliminará una sonrisa espontánea.

Vea videos de humoristas. Yo tengo en mi biblioteca por lo menos tres libros de chistes; reír es el mejor antídoto para el agobio, que si no sana al menos lo intenta. Siendo así provoque a esa cara seria, procure más arrugas originadas de carcajadas, verás que eso es por mucho una gran herencia y sus nietos lo recordarán. Mi abuela reía tanto y aunque no lo notaba, nosotros escuchábamos que era tal su emoción, que ella dejaba caer unos gases y ello más risa nos causaba.

Esos recuerdos satisfacen, porque nos acerca a quienes ya no podemos abrazar. Les tengo un pequeño regalo, poco, aunque significativo es intangible. Imagínate con una sonrisa de oreja a oreja, acuérdate de esos momentos en que casi te hacías en los pantalones de tanto reír; reúne esos instantes y estámpalos en tu mente como pegatinas, para que puedas acceder a ellas cuando la situación dificulte. ¡Envejece ese rostro, pero producto de risas! Tomate un espacio, ¡porque reír es parte de un legado!; y no hacerlo también lo es.

Yendo en el tiempo a uno de esos cumpleaños en el cual me celebraron con tres tortas, una en mi casa materna; otra en medio de decenas de colaboradores, allí la señora Carmen Rojas a quien nunca dejo de tener presente dijo unas palabras para adornar aquel momento y dejarlo ahí en mi mente para siempre, cito: —Gracias Javier por la forma como ves el mundo y en especial a las personas, por esa sonrisa y alegría que no dejas, que contagia por donde quiera que vas; gracias por el ejemplo que nos hace dignos de imitarte; para completar la velada una de mis gerentes ponía como música un CD, con mis letras y voz cantando. Y la tercera torta en medio de mi amada esposa e hijos.

Hoy día aprendo de la experiencia propia y del dolor ajeno. Ya sembré un árbol, escribí 300 canciones y a ti entrego mi primer libro.

12

LA DESPEDIDA

Se acerca el final del texto, si leíste esta obra completa de una vez te manifiesto mi especial gratitud, pero si lo hiciste dos veces o más quiero que sientas mi energía esparciéndose sobre ti. Sabes que, aunque no te veo sé que estás ahí, mi entusiasmo recibes en este preciso momento y por siempre. Derrumbemos juntos las barreras que impiden evolucionar y en la meta estaré para recibirte, junto a los tuyos, porque el que ama al prójimo puede sentir su realización.

Domina y controla tu realidad en la materia. Los niveles considerados como más elevados, como el genio y la sabiduría, estos estados no son exclusivos, por el contrario, son alcanzables por todos los terrícolas. En una fecha especial cuando pienses en llevar un regalo a alguien, otorga con mi humildad la oportunidad de compartir un ejemplar de este libro, bendícelo al entregarlo y deséale el bien a esa persona; así constatarás que todas las bendiciones estarán de vuelta.

Cada día somos más, cada hora, cada minuto. Este presente, esta réplica se difunde para afectar positivamente a más personas. No olvides que el conocimiento compartido se multiplica y seremos visibles, cuando nuestro potencial arrollador se haya materializado. Estos mensajes no vencen ni caducan, no se marchitan cual planta frente a los elementos. Somos atemporales, sin duda trascenderemos al punto de la perfección.

Eres de inconmensurable valor, solo comparable con las gemas y piedras preciosas. *Eres afortunado.* Estaremos unidos por siempre. Los días, semanas, meses y años no extinguirán nuestra estrecha relación, se renovará cada vez que acudas a estas páginas. En los momentos de dificultad hallarás la tranquilidad que requieres, con mente serena tomarás la decisión acertada.

Desde hace épocas esta ha sido la forma perfecta de comunicación, ninguna era ni tecnología impedirá que lo sigamos haciendo. Este acuerdo nos unirá sin vacilación ni duda, se trata de ayudar y nos hemos encontrado en estas páginas. Eres mi causa y tu crecimiento personal el motivo que me empuja. En el Ecuador no hay día que no le espere la noche, ni tampoco oscuridad que no aclare la luz; la anterior es analogía que, "al dar, le sigue el recibir".

Es mi objetivo ser canal transformador, con herramientas sabias de vigencia perpetua. Restablezco a diario la fe de cara a mi creador, pido su permiso para tomarme la potestad de llamarlos Mis extraordinarios lectores, porque así he obtenido más cercanía a lo divino.

Mi respeto para ti por haber elegido esta obra, lo que tenga de estancia en este plano físico no será suficiente para manifestar mi gratitud. Mi realización será concretada el día que cada uno de ustedes logre sus objetivos. Entre tanto seguiré compartiendo vivencias que reforzarán su transitar, mientras aceptas la experiencia y agregas valía con la práctica de lo contenido.

Soy bendecido por llegar a este día, hoy he concluido nuestro primer encuentro, luego de varios lápices y dos minas de bolígrafos vaciadas. Es un hasta luego, nos encontramos pronto, nunca un adiós. Voy encaminado en mi siguiente proyecto, estoy aquí para quedarme en tu corazón a través de mis palabras. Que así sea.

Tengo que reconocer, me causará nostalgia en el futuro el dejar de comunicarnos por un tiempo, pero tengo una sorpresa; ya está el título de mi segundo libro y estoy redactando su contenido, así que nos distanciaremos por muy pocos meses.

AGRADECIMIENTOS

Me gustaría manifestar mi agradecimiento a todos aquellos que han aportado a mi trabajo y desarrollo editorial. Estoy especialmente agradecido a:

Mi esposa por su paciencia y tolerancia, en las dificultades cuento con su voz alentadora y su amor incondicional, no deja dudas que debo pensar en grande.

Mis hijos Sebastián Javier y Santiago Javier; son ellos el motivo que acciona en mí todo impulso para procurarnos un mejor futuro.

Las personas que hacen parte de Letra Minúscula, por el caudal de información que ponen disponible en las redes sociales, para apalancar este emprendimiento y otros por venir.

A María De Castro Zumeta, quien me apoyó con las primeras correcciones y a Rubiano Ediciones , por haber hecho posible la publicación definitiva.

Javier Osorio Barajas es un emprendedor multidisciplinario con casi 40 años de experiencia en diversos campos del desarrollo económico y el crecimiento personal. A los 50 años, decide dedicar su vida a educar y compartir con las masas los secretos de la energía y sabiduría que lo impulsan. Concibe el conocimiento como una fuente de liberación. Innovador y reflexivo, Javier ofrece una serie de herramientas que han sido clave en su vida para sistematizar sus experiencias, mejorar su toma de decisiones, enfrentar desafíos y reconocerse como un ser humano pleno. Su realización no se basa solo en la libertad financiera, sino también en su entrega a la familia y a la comunidad. Este libro es una obra transformadora que, desde la experiencia personal, nos invita a encontrar abundancia tanto en nuestro mundo interior como en su reflejo exterior. Sus lectores, a quienes Javier frecuentemente llama "extraordinarios", encontrarán en estas páginas opciones para promover el crecimiento personal y social. Los testimonios que comparte son una oportunidad invaluable para reforzar la confianza en lo que somos, a pesar de las sorpresas que puedan traer las variables externas. Su segundo libro *Recoge tu diamante*, da continuidad a esta línea de reflexión que sin duda será fundamental para la realización humana, dándole valor a lo que realmente lo tiene.

ÍNDICE

PRIMERA EDICIÓN
En la composición de este libro
se usaron las fuentes tipográficas
Helvetica Neue, Libre Baskerville.

Se imprime a partir del mes de
noviembre de 2024
por el servicio de impresión
por demanda de Amazon KDP